마이갓 5 Step 모의고사 공부법

1

● **Vocabulary** 필수 단어 암기 & Test
① 단원별 필수 단어 암기 ② 영어 → 한글 Test ③ 한글 → 영어 Test

2

● **Text** 지문과 해설
① 전체 지문 해석 ② 페이지별 필기 공간 확보 ③ N회독을 통한 지문 습득

3

● **Practice 1** 빈칸 시험 (w/ 문법 힌트)
① 해석 없는 반복 빈칸 시험 ② 문법 힌트를 통한 어법 숙지
③ 주요 문법과 암기 내용 최종 확인

4

● **Practice 2** 빈칸 시험 (w/ 해석)
① 주요 내용/어법/어휘 빈칸 ② 한글을 통한 내용 숙지
③ 반복 시험을 통한 빈칸 암기

5

● **Quiz** 객관식 예상문제를 콕콕!
① 수능형 객관식 변형문제 ② 100% 자체 제작 변형문제 ③ 빈출 내신 문제 유형 연습

영어 내신의 끝
마이갓 모의고사 고1,2

1 등급을 위한 5단계 노하우
2 모의고사 연도 및 시행월 별 완전정복
3 내신변형 완전정복

영어 내신의 끝
마이갓 교과서 고1,2

1 등급을 위한 10단계 노하우
2 교과서 레슨별 완전정복
3 영어 영역 마스터를 위한 지름길

마이갓 교재
보듬책방 온라인 스토어 (https://smartstore.naver.com/bdbooks)

마이갓 10 Step 영어 내신 공부법

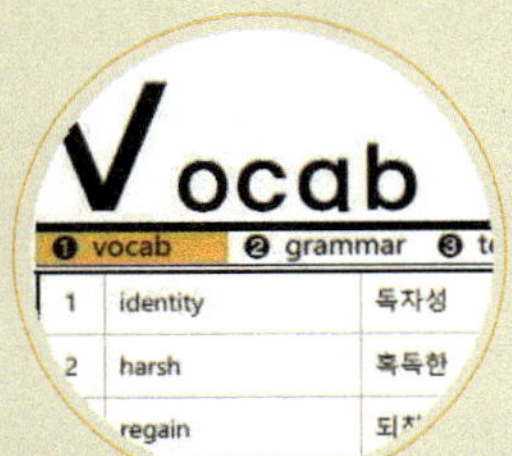

● Vocabulary

필수 단어 암기 & Test
① 단원별 필수 단어 암기
② 영어 → 한글 Test
③ 한글 → 영어 Test

● Grammar

단원별 중요 문법과 연습 문제
① 기초 문법 설명
② 교과서 적용 예시 소개
③ 기초/ Advanced Test

● Text

지문과 해설
① 전체 지문 해석
② 페이지별 필기 공간 확보
③ N회독을 통한 지문 습득

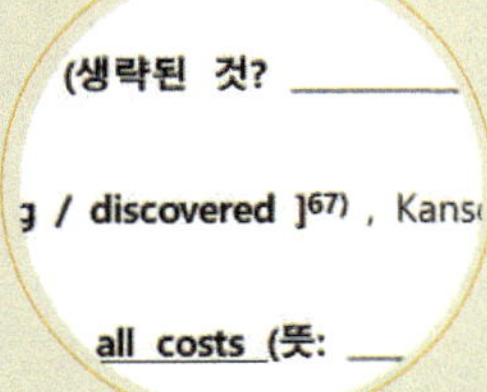

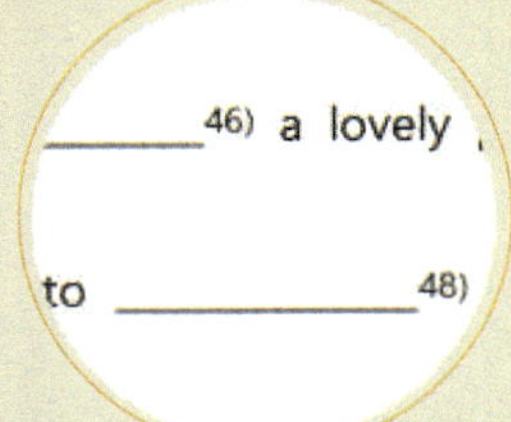

● Practice 3

빈칸 시험 (w/ 해석)
① 주요 내용/어법/어휘 빈칸
② 한글을 통한 내용 숙지
③ 반복 시험을 통한 빈칸 암기

● Practice 2

빈칸 시험 (w/ 해석)
① 주요 내용/어법/어휘 빈칸
② 한글을 통한 내용 숙지
③ 반복 시험을 통한 빈칸 암기

● Practice 1

어휘 & 어법 선택 시험
① 시험에 나오는 어법 어휘 공략
② 중요 어법/어휘 선택형 시험
③ 반복 시험을 통한 포인트 숙지

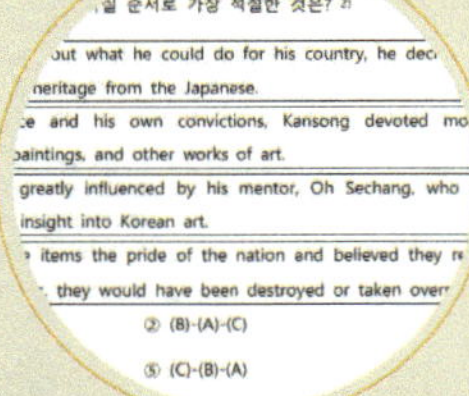

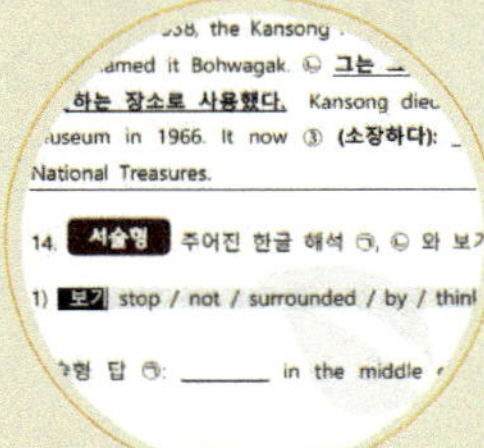

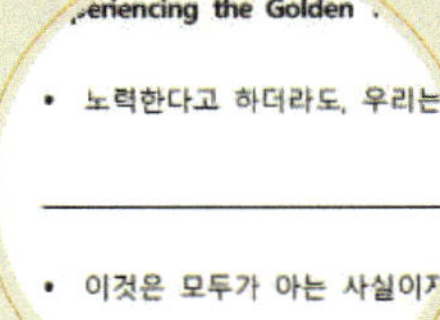

● Quiz

객관식 예상문제를 콕콕!
① 수능형 객관식 변형문제
② 100% 자체 제작 변형문제
③ 빈출 내신 문제 유형 연습

● Final Test

주관식 서술형 예상문제
① 어순/영작/어법 등
  주관식 서술형 문제 대비!
② 100% 자체 제작 변형문제

● 전체 영작 연습

직접 영작 해보기
① 주어진 단어를 활용한
  전체 서술형 영작 훈련
② 쓰기를 통한 내용 암기

● 학교 기출 문제

지문과 해설
① 단원별 실제 학교 기출
  문제 모음
② 객관식부터 서술형까지
  완벽 커버!

CONTENTS

2021 고1 6월 WORK BOOK

보듬영어

Step 01   VOCA

Step 02   TEXT

Step 03   [/]

Step 04   _____

Step 05   quiz 1

Step 06   quiz 2

Step 07   quiz 3

Step 08   quiz 4

Step 09   quiz 5

Answer Keys

2021 고1

6월

WORK BOOK

2021년 고1 6월 모의고사 내신대비용 WorkBook & 변형문제

Voca

❶ voca	❷ text	❸ [/]	❹ _____	❺ quiz 1	❻ quiz 2	❼ quiz 3	❽ quiz 4	❾ quiz 5

번호	voca	text		voca	text
18	plan to	~할 계획이다		shut out	차단하다, 배제시키다
	identity	정체(성), 신원, 고유성, 독자성		uncomfortable	불편한
	launch	시작[출시]하다, 진수시키다; 개시, 발매		overcome	극복하다, (남을) 이기다
	celebrate	축하[기념]하다, 경축하다		instinct	본능
	request	요청, 요구; 요청[요구]하다		essential	근본적인, 본질적인, 필수적인
	vision	미래상, 비전, 시야, 시력; 상상하다		try -ing	(시험 삼아) ~해보다
	inspire	영감을 주다, 고무시키다, 격려하다		comfort	위안을 주다, 위로하다; 편안(함), 위로
	humanity	인류, 인간성, 인간애		in order to V	~하기 위해, ~하려고
	convey	전달하다, 전하다, 나르다	21	tendency	경향, 추세, 성향, 체질
	capture	사로잡다, 점유하다; 포획, 포착		interpret	해석하다, 통역하다, 설명하다
	proposal	제안, 제의, 신청		stack	더미, 다량, (-s) 서고; 쌓다, 쌓아 올리다
	be done with	~을 끝내다		arrange	정리[준비]하다, 배열[배치]하다, 각색하다
	regard	간주[주목]하다, 관련있다; 관심, 존경, 관계		evidence	증거, 징후
19	happen to	우연히 ~하다		support	지지[부양]하다; 지지, 후원, 도움
	thrilled	아주 흥분한, 신이 난		perception	인식, 인지, 지각
	in person	직접, 몸소, 친히		be based on	~에 기초하다, 근거하다
	draw on	~을 이용하다, ~에 의지하다, 가까워지다		stand out	두드러지다, 눈에 띄다, 뛰어나다
	be about to V	막 ~하려고 하다		be related to	~와 관계가 있다, ~와 관련되다
	take ~to ...	~을 ...에 데려다주다		expectation	기대, 요구, 예상, 가망
	at a loss	당황하여, 어찌할 바를 몰라, 밑지고		current	현재의; 흐름, 해류, 기류, 경향
	root	뿌리, 근원; 뿌리를 내리다		demand	요구하다, 필요로 하다; 요구, 수요
20	avoid	피하다, 막다		quote	인용하다, 말을 옮기다; 인용구
	lead to	~을 낳다, ~으로 이어지다		highlight	집중하다, 강조하다; 가장 중요한 부분
	discomfort	불편, 불쾌, 가벼운 통증		phenomenon	현상, 사건, 비범한 인물 ((복수형 phenomena))
	extra	여분의, 추가의; 여분의 것, 덤		as though	마치 ~인 것처럼

Voca

❶ voca	❷ text	❸ [/]	❹ _____	❺ quiz 1	❻ quiz 2	❼ quiz 3	❽ quiz 4	❾ quiz 5

	be full of	~로 가득차다		nervous	두려워하는, 불안한, 신경(성)의
22	attempt	시도; 시도하다		in general	보통, 대개, 전반적으로
	punish	벌하다		threat	위협, 협박
	encourage	장려[격려]하다, 촉구하다		approach	접근하다; 접근(법)
	motivate	자극[유발]하다, 동기를 주다		solve	풀다, 해결하다
	incomplete	불완전한, 미완성의		be associated with	~과 관련되다
	require	필요로 하다, 요구하다		reaction	반응, 반작용, 반발
	additional	추가적인, 추가의		as a result	그 결과
	receive	받다, 받아들이다		respond to	~에 대응[반응]하다
	be required to V ~	~하도록 요구되다	24	development	발달, 발전, 성장
	performance	수행, 성과, 성적, 공연		critical	중요한, 비판적인
	up to	~까지, ~의 책임인		vertical	수직의, 세로의; 수직선
	acceptable	받아들일 만한, 용인되는		transportation	교통, 운송, 교통수단
	policy	방침, 정책		efficient	유능한, 능률적인, 효율적인
	perform	수행하다, 행동하다, 공연[연주]하다		expand	확장[확대]하다, 부연[확충]하다
	failure	실패, 실패자		architecture	건축, 건축물
	submit	제출하다, 복종시키다		explain	설명하다, 해명하다
	accept	받아들이다, 인정하다		advance	사전의; 진보, 전진; 진보하다, 제기하다
	no longer	더 이상 ~아닌[하지 않는]		probably	아마
	appropriate	적절한, 적합한, 타당한		construction	건축, 구성, 공사
	continue to V	계속 ~하다	25	share	지분, 몫, 주식; 공유하다, 나누다
	satisfactory	만족스러운, 충족시키는		on average	평균적으로
23	curiosity	호기심, 진기함		estimated	대략적인, 어림잡은, 평이 좋은
	tough	힘든, 냉정한, 억센, 거친, 튼튼한		share ~with ...	~을 ...와 나누다
	take on	떠맡다, 가지다, 띠다, 싣다		plant	식물, 공장; 심다, 이식하다, 설치하다

Voca

❶ voca	❷ text	❸ [/]	❹ _____	❺ quiz 1	❻ quiz 2	❼ quiz 3	❽ quiz 4	❾ quiz 5

26	account	기술, 설명, 계좌; 설명[생각]하다, 차지하다	29	occasion	상황, 경우
	appearance	외모, (겉)모습, 출현, 등장		observe	관찰하다, 준수하다, (의견 등을) 말하다
	commonly	일반적으로, 보통, 대개		sense	느끼다, 감지하다; 감각, 느낌, 분별
	extreme	극단의, 극단적인; 극단		genuine	진실한, 진정한, 진짜의
	temperature	온도, 기온, 체온		obvious	분명한, 명백한
	surface	표면, 외관; 표면의; 겉으로 드러나다		identify	알아보다, 확인하다, 동일시하다
	resemble	닮다, 비슷[유사]하다		fake	가짜의, 거짓된; 위조하다
	gather	모으다, 수집하다, 축적하다		primarily	본래, 주로, 무엇보다
	effect	결과, 영향, 효과; 초래하다, 이루다		affect	~에 영향을 미치다, ~인 척하다; 정서
	conserve	보존[유지]하다, 보호하다, 절약하다		lower	낮은, 하부의; 낮추다, 내리다, 떨어뜨리다
	moisture	수분, 습기		mainly	주로, 대개는, 대부분은
27	environment	환경, 주위(의 상황)		get involved	관여하다, 몰두하다
	poem	시(詩)		manufacture	제조하다, 생산하다; 제조, 제품
	requirement	요건, 필요조건		judge	판단하다, 심사하다; 판사, 심판
	participant	참여자, 참가자		impact	영향, 효과, 충격; 영향[충격]을 주다
	participate in	~에 참여[참가]하다		muscle	근육, 힘, 체력
	entry	참가, 출품(작), 입구, 참가자		wrinkle	주름; 주름이 지다, 찌푸리다
	deadline	(마감) 기한, 최종 기한		noticeably	현격히, 두드러지게
	announce	발표하다, 알리다		upper	위쪽의, 상급의; 윗부분
	virtual	사실상의, 실질상의, 가상의		slightly	약간, 조금
28	exchange	교환하다, 환전하다; 교환, 환전		entire	전체의, 완전한; 전부, 전체
	discussion	토론, 논의	30	detailed	상세한, 세세한
	discuss	토론하다, 논의하다		complex	복잡한, 복합의; 복합체, 콤플렉스
	budget	예산(안), 운영비; 예산을 세우다		form	형태, 모양, 양식; 형성하다, 만들다
	access	접근, 이용; 접근하다, 이용하다		function	기능하다, 작용하다; 기능, 작용

Voca

❶ voca	❷ text	❸ [/]	❹ ____	❺ quiz 1	❻ quiz 2	❼ quiz 3	❽ quiz 4	❾ quiz 5
	straighten	바로잡다, 펴다		consideration	고려 (사항), 배려, 숙고			
	disastrous	비참한, 피해가 막심한		make for	(~로) 향하다, 도움이 되다, ~에 이바지하다			
	irregular	고르지 않은, 불규칙의		decision	결정, 결심, 판결			
	spill	엎지르다, 흘리다; 엎지름, 유출		duty	의무, 임무, 근무, 관세, 세금			
	leak	새다, 누설하다; 새는 곳[틈]		appeal to	~에 호소하다, ~의 마음에 들다			
	wetland	습지대		sort	분류하다, 구분하다; 종류			
	incredibly	놀라울 정도로, 엄청나게		negotiate	협상하다, 헤쳐 나가다			
	accommodate	수용하다, 숙박시키다, 적응하다		external	외부의, 대외적인, 외국의			
	variation	변화, 변동, 변형, 변주		pressure	압력, 압박, 스트레스; 압력을 가하다			
	tidy	말쑥한, 단정한, 상당한; 정돈하다	32	confirm	확인[확증]하다, 공식화하다			
	geometry	기하학, 기하학적 구조		moral	도덕적인			
	destroy	파괴하다, 논파하다, 죽이다		reasoning	추론, 추리			
	capacity	용량, 수용력, 능력		decline	하락[감소]하다, 거절하다; 감소, 하락			
	result in	(결과적으로) ~을 낳다[야기하다]		progress	진보[발전]하다, 전진하다; 진보, 발전			
	disaster	재앙, 재난, 재해		competitive	경쟁력이 있는, 경쟁하는			
	loose	느슨하게 하다, 풀다; 눌린, 느슨한		increase	(수량이) 늘다, 증가하다; 증가			
	recognize	인정하다, 인식하다		emphasis	강조, 역점			
	controlled	억제된, 관리[통제, 지배]된		so ~that ...	아주 ~해서 ...하다			
	wash away	~을 유실되게 하다		cheat	속이다, 사기 치다; 속임수			
	state	상태, 국가, 주; 진술하다		develop	발달[개발]하다, (병에) 걸리다			
	annually	해마다, 매년		trait	특성, 특색, 특징			
31	maintain	유지하다, 주장하다		enhance	향상시키다, 강화하다, 높이다			
	be supposed to V	~을 해야 하다, ~을 하기로 되어 있다		term	기간, 용어, (-s) 조건, 관점; 말하다			
	have trouble -ing	~하는 데 어려움을 겪다		resist	저항하다, 반대하다, 견디다			
	weight	무게, 체중		dishonest	부정직한, 불성실한, 부정한			

Voca

❶ voca		❷ text	❸ [/]	❹ ______	❺ quiz 1	❻ quiz 2	❼ quiz 3	❽ quiz 4	❾ quiz 5
	lifetime	일생, 생애, 평생; 평생의			complete	완성[완료]하다; 완전한			
33	innovation	혁신, 쇄신			artifact	인공물, 공예품			
	than ever before	이전의 어떤 때보다			produce	생산[제조]하다, 초래하다; 농산물			
	individual	개인; 개인의, 개별적인, 독특한			achieve	달성하다, 이루다, 성취하다			
	confront	직면하다, 맞서다			perspective	관점, 시각, 전망, 경치, 원근법			
	countless	셀 수 없는, 무수한			creation	창조, 창작, 발생			
	genre	장르, 유형, 형식			interaction	상호 작용			
	filter	여과하다; 여과 장치			exist	존재하다, 실존하다			
	organize	정리하다, 체계화[구조화]하다			constantly	지속적으로, 끊임없이			
	used to V	~하곤 했다			include	포함하다, 포괄하다			
	physical	물리적인, 육체의			blend	혼합; 혼합하다, 어울리다			
	collection	수집, 소장품, 수금, 징수			including	~을 포함하여			
	lie in	~에 있다			product	생산물, 상품, 산물			
	restrict	제한하다, 한정하다	35		spread	펴다, 퍼뜨리다, 퍼지다; 확장, 유포, 보급			
	limited	제한된, 제한적인			disease	질병, 질환			
	local	지역의, 지방의; 지역민, 현지인			operate	작동하다, 운영하다, 수술하다			
	determine	결심[결정]하다, 알아내다			epidemic	전염병, 유행(병); 유행성의			
	preference	선호, 애호			survive	살아남다, 생존하다			
	search for	~을 찾다			advanced	발달한, 진보된, 고급의			
	associate	연관[제휴]시키다, 교제하다; 동료			destructive	해를 끼치는, 파괴적인			
	considerable	상당한, 많은			outbreak	(전쟁 등의) 발발, 발병, 폭동			
34	common	공통의, 흔한, 평범한			influenza	유행성 감기, 독감			
	assume	추정하다, (태도 등을) 취하다, 맡다			connection	연결, 접속, 연관(성), 인맥, 관계			
	concern	~에 관련되다, 걱정하다; 관심사, 걱정			recognition	인정, 표창, 인식			
	relation	관계, 친척			pioneer	선구자, 개척자; 개척하다			

Voca

❶ voca	❷ text	❸ [/]	❹ _____	❺ quiz 1	❻ quiz 2	❼ quiz 3	❽ quiz 4	❾ quiz 5

	serve	제공[기여]하다, 복무하다, 적합하다		literate	교양 있는, 읽고 쓸 수 있는
	as a result of	~의 결과로서	38	analogy	유사(점), 비유
36	immediately	즉시, 바로		source	원천, 근원, (-s) 출처, 정보원
	attract	끌다, 끌어당기다, 매혹하다		be due	~할 예정이다
	measure	측정하다, 평가하다; 척도, 기준, 조치		build up	강화[증강]하다, 기르다
	eyesight	시력, 시야, 시각		release	(대중들에게) 공개하다, 발매하다
	involve	포함[수반]하다, 필요로 하다, 관련시키다		experiment with	~을 실험하다
	structure	구조, 조직, 체계; 구성하다, 조직화하다		density	밀도
	occur	일어나다, 발생하다, 존재하다		atmosphere	대기, 분위기
	generation	세대, 대, 발생	39	food chain	먹이 사슬
	organism	유기체, 생물, 생명체		transfer	옮기다, 전하다; 이동, 환승
	alert	경고하다; 경계하는, 기민한; 경보		a series of	일련의
	enemy	적, 원수		repeat	되풀이하다, 반복하다; 반복
	protect A from B	B로부터 A를 보호하다		process	과정, 절차; 처리하다, 가공하다
37	interact with	~와 상호 작용하다, 교류하다		in turn	결과적으로, 차례차례
	analyze	분석하다, 분해하다		imply	넌지시 나타내다, 암시하다, 수반하다
	well-known	잘 알려진, 유명한		producer	제작자, 프로듀서, 생산자
	demonstrate	입증[설명]하다, 보여 주다, 시위하다		proportion	비율, 부분, 비례, 균형, (-s) 크기, 규모
	channel	수로, 채널; (물 등을) 보내다		potential	가능성이 있는, 잠재적인; 가능성, 잠재력
	weakness	약점, 결점		the number of ~	~의 수
	raise	높이다, 올리다, 기르다, 제기하다; 인상		intake	(숨을) 들이쉼, 흡입, 섭취
	solution	해결(책), 용액	40	attend	참석하다, 보살피다
	block	막다, 차단하다; 장애물, 방해물		resource	수단, 기지 (-s) 자원, 소질; 자원을 제공하다
	take responsibility for	~을 책임지다		put ~ in ...	~을 ...에 넣다
	combat	전투, 싸움; 싸우다		remove	제거하다, 없애다, 옮기다

Voca

	❶ voca	❷ text	❸ [/]	❹ ___	❺ quiz 1	❻ quiz 2	❼ quiz 3	❽ quiz 4	❾ quiz 5
	satisfaction	만족, 충족		stand up	일어서다, 여전히 유효하다				
	return	수익, 귀환, 반환; 돌아오다		be sure	확신하다, 반드시 ~하도록 하다				
41–42	socialize	사회화하다, 교제하다		keep –ing	계속 ~하다				
	feature	특징, 특집, 용모; 특집으로 하다, 특집으로 삼다							
	response	대답, 응답							
	unpredictable	예측 불가능한							
	confidence	신뢰, 자신(감)							
	suffer	시달리다, 고통 받다							
	effectively	효과적으로, 사실상, 실질적으로							
	gradually	서서히, 점차							
	expose A to B	A를 B에 노출시키다							
	purpose	목적, 의도; 의도하다							
	principle	원리, 원칙, 신념, 신조							
	exposure	노출, 폭로, 직접적인 체험							
	apply	지원[신청]하다, 적용하다, 바르다							
43–45	discover	발견하다, 알다, 깨닫다							
	dust	먼지, 가루; 먼지를 털다							
	graduate	졸업하다; 대학원생, 졸업생							
	call for	~을 요구[요청]하다, 데리러 가다							
	wonder	궁금해하다, 경탄하다; 경이							
	separate A from B	A를 B에서 분리하다							
	courage	용기, 담력							
	deliver	배달하다, 전하다, 출산하다							
	permission	허락, 허가							
	ask for	~을 요구하다							

Voca Test

영 › 한

❶ voca	❷ text	❸ [/]	❹ ___	❺ quiz 1	❻ quiz 2	❼ quiz 3	❽ quiz 4	❾ quiz 5
18	plan to				shut out			
	identity				uncomfortable			
	launch				overcome			
	celebrate				instinct			
	request				essential			
	vision				try –ing			
	inspire				comfort			
	humanity				in order to V			
	convey			21	tendency			
	capture				interpret			
	proposal				stack			
	be done with				arrange			
	regard				evidence			
19	happen to				support			
	thrilled				perception			
	in person				be based on			
	draw on				stand out			
	be about to V				be related to			
	take ~to ...				expectation			
	at a loss				current			
	root				demand			
20	avoid				quote			
	lead to				highlight			
	discomfort				phenomenon			
	extra				as though			

Voca Test

영 ▶ 한

❶ voca	❷ text	❸ [/]	❹ ____	❺ quiz 1	❻ quiz 2	❼ quiz 3	❽ quiz 4	❾ quiz 5

	voca				voca			
	be full of				nervous			
22	attempt				in general			
	punish				threat			
	encourage				approach			
	motivate				solve			
	incomplete				be associated with			
	require				reaction			
	additional				as a result			
	receive				respond to			
	be required to V ~			24	development			
	performance				critical			
	up to				vertical			
	acceptable				transportation			
	policy				efficient			
	perform				expand			
	failure				architecture			
	submit				explain			
	accept				advance			
	no longer				probably			
	appropriate				construction			
	continue to V			25	share			
	satisfactory				on average			
23	curiosity				estimated			
	tough				share ~with ...			
	take on				plant			

Voca Test

영 ▷ 한

❶ voca	❷ text	❸ [/]	❹ ____	❺ quiz 1	❻ quiz 2	❼ quiz 3	❽ quiz 4	❾ quiz 5
26	account							
	appearance							
	commonly							
	extreme							
	temperature							
	surface							
	resemble							
	gather							
	effect							
	conserve							
	moisture							
27	environment							
	poem							
	requirement							
	participant							
	participate in							
	entry							
	deadline							
	announce							
	virtual							
28	exchange							
	discussion							
	discuss							
	budget							
	access							

❶ voca	❷ text	❸ [/]	❹ ____	❺ quiz 1	❻ quiz 2	❼ quiz 3	❽ quiz 4	❾ quiz 5
29	occasion							
	observe							
	sense							
	genuine							
	obvious							
	identify							
	fake							
	primarily							
	affect							
	lower							
	mainly							
	get involved							
	manufacture							
	judge							
	impact							
	muscle							
	wrinkle							
	noticeably							
	upper							
	slightly							
	entire							
30	detailed							
	complex							
	form							
	function							

Voca Test

영 ▶ 한

❶ voca	❷ text	❸ [/]	❹ ___	❺ quiz 1	❻ quiz 2	❼ quiz 3	❽ quiz 4	❾ quiz 5
straighten					consideration			
disastrous					make for			
irregular					decision			
spill					duty			
leak					appeal to			
wetland					sort			
incredibly					negotiate			
accommodate					external			
variation					pressure			
tidy				32	confirm			
geometry					moral			
destroy					reasoning			
capacity					decline			
result in					progress			
disaster					competitive			
loose					increase			
recognize					emphasis			
controlled					so ~that ...			
wash away					cheat			
state					develop			
annually					trait			
31 maintain					enhance			
be supposed to V					term			
have trouble -ing					resist			
weight					dishonest			

Voca Tes

영 ▷ 한

	❶ voca	❷ text	❸ [/]	❹ _____	❺ quiz 1	❻ quiz 2	❼ quiz 3	❽ quiz 4	❾ quiz 5
	lifetime					complete			
33	innovation					artifact			
	than ever before					produce			
	individual					achieve			
	confront					perspective			
	countless					creation			
	genre					interaction			
	filter					exist			
	organize					constantly			
	used to V					include			
	physical					blend			
	collection					including			
	lie in					product			
	restrict				35	spread			
	limited					disease			
	local					operate			
	determine					epidemic			
	preference					survive			
	search for					advanced			
	associate					destructive			
	considerable					outbreak			
34	common					influenza			
	assume					connection			
	concern					recognition			
	relation					pioneer			

Voca Test

영 ▶ 한

❶ voca		❷ text	❸ [/]	❹ ____	❺ quiz 1	❻ quiz 2	❼ quiz 3	❽ quiz 4	❾ quiz 5
	serve				literate				
	as a result of			38	analogy				
36	immediately				source				
	attract				be due				
	measure				build up				
	eyesight				release				
	involve				experiment with				
	structure				density				
	occur				atmosphere				
	generation			39	food chain				
	organism				transfer				
	alert				a series of				
	enemy				repeat				
	protect A from B				process				
37	interact with				in turn				
	analyze				imply				
	well-known				producer				
	demonstrate				proportion				
	channel				potential				
	weakness				the number of ~				
	raise				intake				
	solution			40	attend				
	block				resource				
	take responsibility for				put ~in ...				
	combat				remove				

Voca Test

영 ▷ 한

❶ voca	❷ text	❸ [/]	❹ ____	❺ quiz 1	❻ quiz 2	❼ quiz 3	❽ quiz 4	❾ quiz 5
	satisfaction			stand up				
	return			be sure				
41–42	socialize			keep –ing				
	feature							
	response							
	unpredictable							
	confidence							
	suffer							
	effectively							
	gradually							
	expose A to B							
	purpose							
	principle							
	exposure							
	apply							
43–45	discover							
	dust							
	graduate							
	call for							
	wonder							
	separate A from B							
	courage							
	deliver							
	permission							
	ask for							

Voca Test

❶ voca	❷ text	❸ [/]	❹ _____	❺ quiz 1	❻ quiz 2	❼ quiz 3	❽ quiz 4	❾ quiz 5
18		~할 계획이다					차단하다, 배제시키다	
		정체(성), 신원, 고유성, 독자성					불편한	
		시작[출시]하다, 진수시키다; 개시, 발매					극복하다, (남을) 이기다	
		축하[기념]하다, 경축하다					본능	
		요청, 요구; 요청[요구]하다					근본적인, 본질적인, 필수적인	
		미래상, 비전, 시야, 시력; 상상하다					(시험 삼아) ~해보다	
		영감을 주다, 고무시키다, 격려하다					위안을 주다, 위로하다; 편안(함), 위로	
		인류, 인간성, 인간애					~하기 위해, ~하려고	
		전달하다, 전하다, 나르다	21				경향, 추세, 성향, 체질	
		사로잡다, 점유하다; 포획, 포착					해석하다, 통역하다, 설명하다	
		제안, 제의, 신청					더미, 다량, (-s) 서고; 쌓다, 쌓아 올리다	
		~을 끝내다					정리[준비]하다, 배열[배치]하다, 각색하다	
		간주[주목]하다, 관련있다; 관심, 존경, 관계					증거, 징후	
19		우연히 ~하다					지지[부양]하다; 지지, 후원, 도움	
		아주 흥분한, 신이 난					인식, 인지, 지각	
		직접, 몸소, 친히					~에 기초하다, 근거하다	
		~을 이용하다, ~에 의지하다, 가까워지다					두드러지다, 눈에 띄다, 뛰어나다	
		막 ~하려고 하다					~와 관계가 있다, ~와 관련되다	
		~을 ...에 데려다주다					기대, 요구, 예상, 가망	
		당황하여, 어찌할 바를 몰라, 밑지고					현재의; 흐름, 해류, 기류, 경향	
		뿌리, 근원; 뿌리를 내리다					요구하다, 필요로 하다; 요구, 수요	
20		피하다, 막다					인용하다, 말을 옮기다; 인용구	
		~을 낳다, ~으로 이어지다					집중하다, 강조하다; 가장 중요한 부분	
		불편, 불쾌, 가벼운 통증					현상, 사건, 비범한 인물 ((복수형 phenomena))	
		여분의, 추가의; 여분의 것, 덤					마치 ~인 것처럼	

Voca Test

❶ voca	❷ text	❸ [/]	❹ _____	❺ quiz 1	❻ quiz 2	❼ quiz 3	❽ quiz 4	❾ quiz 5
			~로 가득차다				두려워하는, 불안한, 신경(성)의	
22			시도; 시도하다				보통, 대개, 전반적으로	
			벌하다				위협, 협박	
			장려[격려]하다, 촉구하다				접근하다; 접근(법)	
			자극[유발]하다, 동기를 주다				풀다, 해결하다	
			불완전한, 미완성의				~과 관련되다	
			필요로 하다, 요구하다				반응, 반작용, 반발	
			추가적인, 추가의				그 결과	
			받다, 받아들이다				~에 대응[반응]하다	
			~하도록 요구되다	24			발달, 발전, 성장	
			수행, 성과, 성적, 공연				중요한, 비판적인	
			~까지, ~의 책임인				수직의, 세로의; 수직선	
			받아들일 만한, 용인되는				교통, 운송, 교통수단	
			방침, 정책				유능한, 능률적인, 효율적인	
			수행하다, 행동하다, 공연[연주]하다				확장[확대]하다, 부연[확충]하다	
			실패, 실패자				건축, 건축물	
			제출하다, 복종시키다				설명하다, 해명하다	
			받아들이다, 인정하다				사전의; 진보, 전진; 진보하다, 제기하다	
			더 이상 ~아닌[하지 않는]				아마	
			적절한, 적합한, 타당한				건축, 구성, 공사	
			계속 ~하다	25			지분, 몫, 주식; 공유하다, 나누다	
			만족스러운, 충족시키는				평균적으로	
23			호기심, 진기함				대략적인, 어림잡은, 평이 좋은	
			힘든, 냉정한, 억센, 거친, 튼튼한				~을 ...와 나누다	
			떠맡다, 가지다, 띠다, 심다				식물, 공장; 심다, 이식하다, 설치하다	

Voca Test

① voca	② text	③ [/]	④ ___	⑤ quiz 1	⑥ quiz 2	⑦ quiz 3	⑧ quiz 4	⑨ quiz 5
26			기술, 설명, 계좌; 설명[생각]하다, 차지하다	29				상황, 경우
			외모, (겉)모습, 출현, 등장					관찰하다, 준수하다, (의견 등을) 말하다
			일반적으로, 보통, 대개					느끼다, 감지하다; 감각, 느낌, 분별
			극단의, 극단적인; 극단					진실한, 진정한, 진짜의
			온도, 기온, 체온					분명한, 명백한
			표면, 외관; 표면의; 겉으로 드러나다					알아보다, 확인하다, 동일시하다
			닮다, 비슷[유사]하다					가짜의, 거짓된; 위조하다
			모으다, 수집하다, 축적하다					본래, 주로, 무엇보다
			결과, 영향, 효과; 초래하다, 이루다					~에 영향을 미치다, ~인 척하다; 정서
			보존[유지]하다, 보호하다, 절약하다					낮은, 하부의; 낮추다, 내리다, 떨어뜨리다
			수분, 습기					주로, 대개는, 대부분은
27			환경, 주위(의 상황)					관여하다, 몰두하다
			시(詩)					제조하다, 생산하다; 제조, 제품
			요건, 필요조건					판단하다, 심사하다; 판사, 심판
			참여자, 참가자					영향, 효과, 충격; 영향[충격]을 주다
			~에 참여[참가]하다					근육, 힘, 체력
			참가, 출품(작), 입구, 참가자					주름; 주름이 지다, 찌푸리다
			(마감) 기한, 최종 기한					현격히, 두드러지게
			발표하다, 알리다					위쪽의, 상급의; 윗부분
			사실상의, 실질상의, 가상의					약간, 조금
28			교환하다, 환전하다; 교환, 환전					전체의, 완전한; 전부, 전체
			토론, 논의	30				상세한, 세세한
			토론하다, 논의하다					복잡한, 복합의; 복합체, 콤플렉스
			예산(안), 운영비; 예산을 세우다					형태, 모양, 양식; 형성하다, 만들다
			접근, 이용; 접근하다, 이용하다					기능하다, 작용하다; 기능, 작용

Voca Test

❶ voca	❷ text	❸ [/]	❹ _____	❺ quiz 1	❻ quiz 2	❼ quiz 3	❽ quiz 4	❾ quiz 5
			바로잡다, 펴다				고려 (사항), 배려, 숙고	
			비참한, 피해가 막심한				(~로) 향하다, 도움이 되다, ~에 이바지하다	
			고르지 않은, 불규칙의				결정, 결심, 판결	
			엎지르다, 흘리다; 엎지름, 유출				의무, 임무, 근무, 관세, 세금	
			새다, 누설하다; 새는 곳[틈]				~에 호소하다, ~의 마음에 들다	
			습지대				분류하다, 구분하다; 종류	
			놀라울 정도로, 엄청나게				협상하다, 헤쳐 나가다	
			수용하다, 숙박시키다, 적응하다				외부의, 대외적인, 외국의	
			변화, 변동, 변형, 변주				압력, 압박, 스트레스; 압력을 가하다	
			말쑥한, 단정한, 상당한; 정돈하다	32			확인[확증]하다, 공식화하다	
			기하학, 기하학적 구조				도덕적인	
			파괴하다, 논파하다, 죽이다				추론, 추리	
			용량, 수용력, 능력				하락[감소]하다, 거절하다; 감소, 하락	
			(결과적으로) ~을 낳다[야기하다]				진보[발전]하다, 전진하다; 진보, 발전	
			재앙, 재난, 재해				경쟁력이 있는, 경쟁하는	
			느슨하게 하다, 풀다; 눌린, 느슨한				(수량이) 늘다, 증가하다; 증가	
			인정하다, 인식하다				강조, 역점	
			억제된, 관리[통제, 지배]된				아주 ~해서 ...하다	
			~을 유실되게 하다				속이다, 사기 치다; 속임수	
			상태, 국가, 주; 진술하다				발달[개발]하다, (병에) 걸리다	
			해마다, 매년				특성, 특색, 특징	
31			유지하다, 주장하다				향상시키다, 강화하다, 높이다	
			~을 해야 하다, ~을 하기로 되어 있다				기간, 용어, (-s) 조건, 관점; 말하다	
			~하는 데 어려움을 겪다				저항하다, 반대하다, 견디다	
			무게, 체중				부정직한, 불성실한, 부정한	

Voca Test

❶ voca	❷ text	❸ [/]	❹ ＿＿＿	❺ quiz 1	❻ quiz 2	❼ quiz 3	❽ quiz 4	❾ quiz 5
				일생, 생애, 평생; 평생의				완성[완료]하다; 완전한
33				혁신, 쇄신				인공물, 공예품
				이전의 어떤 때보다				생산[제조]하다, 초래하다; 농산물
				개인; 개인의, 개별적인, 독특한				달성하다, 이루다, 성취하다
				직면하다, 맞서다				관점, 시각, 전망, 경치, 원근법
				셀 수 없는, 무수한				창조, 창작, 발생
				장르, 유형, 형식				상호 작용
				여과하다; 여과 장치				존재하다, 실존하다
				정리하다, 체계화[구조화]하다				지속적으로, 끊임없이
				~하곤 했다				포함하다, 포괄하다
				물리적인, 육체의				혼합; 혼합하다, 어울리다
				수집, 소장품, 수금, 징수				~을 포함하여
				~에 있다				생산물, 상품, 산물
				제한하다, 한정하다		35		펴다, 퍼뜨리다, 퍼지다; 확장, 유포, 보급
				제한된, 제한적인				질병, 질환
				지역의, 지방의; 지역민, 현지인				작동하다, 운영하다, 수술하다
				결심[결정]하다, 알아내다				전염병, 유행(병); 유행성의
				선호, 애호				살아남다, 생존하다
				~을 찾다				발달한, 진보된, 고급의
				연관[제휴]시키다, 교제하다; 동료				해를 끼치는, 파괴적인
				상당한, 많은				(전쟁 등의) 발발, 발병, 폭동
34				공통의, 흔한, 평범한				유행성 감기, 독감
				추정하다, (태도 등을) 취하다, 맡다				연결, 접속, 연관(성), 인맥, 관계
				~에 관련되다, 걱정하다; 관심사, 걱정				인정, 표창, 인식
				관계, 친척				선구자, 개척자; 개척하다

Voca Test

❶ voca	❷ text	❸ [/]	❹ ____	❺ quiz 1	❻ quiz 2	❼ quiz 3	❽ quiz 4	❾ quiz 5
		제공[기여]하다, 복무하다, 적합하다					교양 있는, 읽고 쓸 수 있는	
		~의 결과로서		38			유사(점), 비유	
36		즉시, 바로					원천, 근원, (-s) 출처, 정보원	
		끌다, 끌어당기다, 매혹하다					~할 예정이다	
		측정하다, 평가하다; 척도, 기준, 조치					강화[증강]하다, 기르다	
		시력, 시야, 시각					(대중들에게) 공개하다, 발매하다	
		포함[수반]하다, 필요로 하다, 관련시키다					~을 실험하다	
		구조, 조직, 체계; 구성하다, 조직화하다					밀도	
		일어나다, 발생하다, 존재하다					대기, 분위기	
		세대, 대, 발생		39			먹이 사슬	
		유기체, 생물, 생명체					옮기다, 전하다; 이동, 환승	
		경고하다; 경계하는, 기민한; 경보					일련의	
		적, 원수					되풀이하다, 반복하다; 반복	
		B로부터 A를 보호하다					과정, 절차; 처리하다, 가공하다	
37		~와 상호 작용하다, 교류하다					결과적으로, 차례차례	
		분석하다, 분해하다					넌지시 나타내다, 암시하다, 수반하다	
		잘 알려진, 유명한					제작자, 프로듀서, 생산자	
		입증[설명]하다, 보여 주다, 시위하다					비율, 부분, 비례, 균형, (-s) 크기, 규모	
		수로, 채널; (물 등을) 보내다					가능성이 있는, 잠재적인; 가능성, 잠재력	
		약점, 결점					~의 수	
		높이다, 올리다, 기르다, 제기하다; 인상					(숨을) 들이쉼, 흡입, 섭취	
		해결(책), 용액		40			참석하다, 보살피다	
		막다, 차단하다; 장애물, 방해물					수단, 기지 (-s) 자원, 소질; 자원을 제공하다	
		~을 책임지다					~을 ...에 넣다	
		전투, 싸움; 싸우다					제거하다, 없애다, 옮기다	

Voca Test

❶ voca	❷ text	❸ [/]	❹ ＿＿＿	❺ quiz 1	❻ quiz 2	❼ quiz 3	❽ quiz 4	❾ quiz 5
			만족, 충족			일어서다, 여전히 유효하다		
			수익, 귀환, 반환; 돌아오다			확신하다, 반드시 ~하도록 하다		
41~42			사회화하다, 교제하다			계속 ~하다		
			특징, 특집, 용모; 특집으로 하다, 특집으로 삼다					
			대답, 응답					
			예측 불가능한					
			신뢰, 자신(감)					
			시달리다, 고통 받다					
			효과적으로, 사실상, 실질적으로					
			서서히, 점차					
			A를 B에 노출시키다					
			목적, 의도; 의도하다					
			원리, 원칙, 신념, 신조					
			노출, 폭로, 직접적인 체험					
			지원[신청]하다, 적용하다, 바르다					
43~45			발견하다, 알다, 깨닫다					
			먼지, 가루; 먼지를 털다					
			졸업하다; 대학원생, 졸업생					
			~을 요구[요청]하다, 데리러 가다					
			궁금해하다, 경탄하다; 경이					
			A를 B에서 분리하다					
			용기, 담력					
			배달하다, 전하다, 출산하다					
			허락, 허가					
			~을 요구하다					

2021 고1 6월 모의고사

❶ voca　　❷ text　　❸ [/]　　❹ _____　　❺ quiz 1　　❻ quiz 2　　❼ quiz 3　　❽ quiz 4　　❾ quiz 5

18 목적

Dear Mr. Jones,

I am James Arkady, PR Director of KHJ Corporation. We are planning to redesign our brand identity and launch a new logo to celebrate our 10th anniversary. We request you to create a logo that best suits our company's core vision, 'To inspire humanity.' I hope the new logo will convey our brand message and capture the values of KHJ. Please send us your logo design proposal once you are done with it. Thank you.

Best regards, James Arkady

Jones씨에게
저는 KHJ Corporation의 홍보부 이사 James Arkady입니다. 저희 회사의 창립 10주년을 기념하기 위해서 저희 회사 브랜드 정체성을 다시 설계하고 새로운 로고를 선보일 계획입니다. 저희 회사의 핵심 비전 '인류애를 고양하자'를 가장 잘 반영한 로고를 제작해주시기를 요청합니다. 새로운 로고가 저희 회사 브랜드 메시지를 전달하고 KHJ의 가치가 담기기를 바랍니다. 완성하는 대로 로고 디자인 제안서를 보내 주십시오. 감사합니다.
James Arkady 드림

19 심경

One day, Cindy happened to sit next to a famous artist in a café, and she was thrilled to see him in person. He was drawing on a used napkin over coffee. She was looking on in awe. After a few moments, the man finished his coffee and was about to throw away the napkin as he left. Cindy stopped him. "Can I have that napkin you drew on?", she asked. "Sure," he replied. "Twenty thousand dollars." She said, with her eyes wide-open, "What? It took you like two minutes to draw that." "No," he said. "It took me over sixty years to draw this." Being at a loss, she stood still rooted to the ground.

어느 날, Cindy는 카페에서 우연히 유명한 화가 옆에 앉게 되었고, 그녀는 직접 그를 만나게 되어 감격했다. 그는 커피를 마시면서 사용하던 냅킨에 그림을 그리고 있었다. 그녀는 경외심을 가지고 지켜보고 있었다. 잠시 후에, 그 남자는 커피를 다 마시고 나서 자리를 뜨면서 그 냅킨을 버리려고 했다. Cindy는 그를 멈춰 세웠다. "당신이 그림을 그렸던 냅킨을 가져도 될까요?"라고 그녀가 물었다. "물론이죠,"라고 그가 대답했다. "2만 달러 입니다." 그녀는 눈을 동그랗게 뜨고 말했다, "뭐라구요? 그리는 데 2분밖에 안 걸렸잖아요." "아니요," 라고 그가 말했다. "나는 이것을 그리는 데 60년 넘게 걸렸어요." 그녀는 어쩔 줄 몰라 꼼짝 못한 채 서 있었다.

20 요지

Sometimes, you feel the need to avoid something that will lead to success out of discomfort. Maybe you are avoiding extra work because you are tired. You are actively shutting out success because you want to avoid being uncomfortable. Therefore, overcoming your instinct to avoid uncomfortable things at first is essential. Try doing new things outside of your comfort zone. Change is always uncomfortable, but it is key to doing things differently in order to find that magical formula for success.

가끔씩은 당신은 불편하기 때문에 성공으로 이끌어 줄 무언가를 피할 필요가 있다고 느낀다. 아마도 당신은 피곤하기 때문에 추가적인 일을 피하고 있다. 당신은 불편한 것을 피하고 싶어서 적극적으로 성공을 차단하고 있다. 따라서 처음에는 불편한 것을 피하고자 하는 당신의 본능을 극복하는 것이 필요하다. 편안함을 주는 곳을 벗어나서 새로운 일을 시도하라. 변화는 항상 불편하지만, 성공을 위한 마법의 공식을 찾기 위해서 그것(변화)은 일을 색다르게 하는 데 있어 핵심이다.

21 주장

We have a tendency to interpret events selectively. If we want things to be "this way" or "that way" we can most certainly select, stack, or arrange evidence in a way that supports such a viewpoint. Selective perception is based on what seems to us to stand out. However, what seems to us to be standing out may very well be related to our goals, interests, expectations, past experiences, or current demands of the situation — "with a hammer in hand, everything looks like a nail." This quote highlights the phenomenon of selective perception. If we want to use a hammer, then the world around us may begin to look as though it is full of nails!

우리는 사건을 선택적으로 해석하는 경향이 있다. 만약 우리가 일이 "이렇게" 또는 "그렇게" 되기를 원한다면, 우리는 틀림없이 그러한 관점을 뒷받침하는 방식으로 증거를 선택하거나 쌓거나 배열할 수 있다. 선택적인 지각은 우리에게 두드러져 보이는 것에 기반을 둔다. 그러나 우리에게 두드러져 보이고 있는 것은 우리의 목표, 관심사, 기대, 과거의 경험 또는 상황에 대한 현재의 요구와 매우 관련 있을지도 모른다 — "망치를 손에 들고 있으면, 모든 것은 못처럼 보인다." 이 인용문은 선택적 지각의 현상을 강조한다. 만약 우리가 망치를 사용하기를 원하면, 우리 주변의 세상은 못으로 가득 찬 것처럼 보이기 시작할지도 모른다!

22 의미

Rather than attempting to punish students with a low grade or mark in the hope it will encourage them to give greater effort in the future, teachers can better motivate students by considering their work as incomplete and then requiring additional effort. Teachers at Beachwood Middle School in Beachwood, Ohio, record students' grades as A, B, C, or I (Incomplete). Students who receive an I grade are required to do additional work in order to bring their performance up to an acceptable level. This policy is based on the belief that students perform at a failure level or submit failing work in large part because teachers accept it. The Beachwood teachers reason that if they no longer accept substandard work, students will not submit it. And with appropriate support, they believe students will continue to work until their performance is satisfactory.

학생이 미래에 더 많은 노력을 기울이게 하고 싶은 바람에서 낮은 등급이나 점수로 학생을 벌주려고 하기보다는, 그들의 과제가 미완성이라고 여기고 추가적인 노력을 요구함으로써 교사는 학생에게 동기 부여를 더 잘할 수 있다. Ohio주 Beachwood의 Beachwood 중학교 교사는 학생의 등급을 A, B, C 또는 I (미완성)로 기록한다. I 등급을 받은 학생은 자신의 과제 수행을 수용 가능한(기준에 맞는) 수준까지 끌어올리기 위해서 추가적인 과제를 하도록 요구받는다. 이런 방침은 학생이 낙제 수준으로 수행하거나 낙제 과제를 제출하는 것이 대체로 교사가 그것을 받아들이기 때문이라는 믿음에 근거한다. Beachwood의 교사는 만약 그들이 더 이상 기준 이하의 과제를 받아들이지 않는다면, 학생이 그것을 제출하지 않을 것이라고 생각한다. 그리고 학생들은 적절한 도움을 받아서 자신의 과제 수행이 만족스러울 때까지 계속 노력할 것이라고 그들은 믿는다.

23 주제

Curiosity makes us much more likely to view a tough problem as an interesting challenge to take on. A stressful meeting with our boss becomes an opportunity to learn. A nervous first date becomes an exciting night out with a new person. A colander becomes a hat. In general, curiosity motivates us to view stressful situations as challenges rather than threats, to talk about difficulties more openly, and to try new approaches to solving problems. In fact, curiosity is associated with a less defensive reaction to stress and, as a result, less aggression when we respond to irritation.

* colander: (음식 재료의 물을 빼는 데 쓰는) 체

호기심은 우리로 하여금 어려운 문제를 맡아야 할 흥미로운 도전으로 더 여기게 한다. 스트레스를 받는 상사와의 회의는 배울 수 있는 기회가 된다. 긴장이 되는 첫 데이트는 새로운 사람과의 멋진 밤이 된다. 주방용 체는 모자가 된다. 일반적으로, 호기심은 우리로 하여금 스트레스를 받는 상황을 위협보다는 도전으로 여기게 하고, 어려움을 터놓고 말하게 하고, 문제 해결에 있어 새로운 접근을 시도하도록 동기를 부여해 준다. 실제로 호기심은 스트레스에 대한 방어적인 반응이 줄어들고, 그 결과 짜증에 반응할 때 공격성이 줄어드는 것과 관련이 있다.

24 제목

When people think about the development of cities, rarely do they consider the critical role of vertical transportation. In fact, each day, more than 7 billion elevator journeys are taken in tall buildings all over the world. Efficient vertical transportation can expand our ability to build taller and taller skyscrapers. Antony Wood, a Professor of Architecture at the Illinois Institute of Technology, explains that advances in elevators over the past 20 years are probably the greatest advances we have seen in tall buildings. For example, elevators in the Jeddah Tower in Jeddah, Saudi Arabia, under construction, will reach a height record of 660m.

사람들은 도시 발전에 대해 생각할 때, 수직 운송 수단의 중요한 역할을 거의 고려하지 않는다. 실제로 매일 70억 회 이상의 엘리베이터 이동이 전 세계 높은 빌딩에서 이루어진다. 효율적인 수직 운송 수단은 점점 더 높은 고층 건물을 만들 수 있는 우리의 능력을 확장시킬 수 있다. Illinois 공과대학의 건축학과 교수인 Antony Wood는 지난 20년 간의 엘리베이터의 발전은 아마도 우리가 높은 건물에서 봐 왔던 가장 큰 발전이라고 설명한다. 예를 들어, 건설 중인 사우디 아라비아 Jeddah의 Jeddah Tower에 있는 엘리베이터는 660미터 라는 기록적인 높이에 이를 것이다.

26 일치

Lithops are plants that are often called 'living stones' on account of their unique rocklike appearance. They are native to the deserts of South Africa but commonly sold in garden centers and nurseries. Lithops grow well in compacted, sandy soil with little water and extreme hot temperatures. Lithops are small plants, rarely getting more than an inch above the soil surface and usually with only two leaves. The thick leaves resemble the cleft in an animal's foot or just a pair of grayish brown stones gathered together. The plants have no true stem and much of the plant is underground. Their appearance has the effect of conserving moisture.

* cleft: 갈라진 틈

Lithops는 독특한 바위 같은 겉모양 때문에 종종 '살아있는 돌'로 불리는 식물이다. 이것은 원산지가 남아프리카 사막이지만, 식물원과 종묘원에서 흔히 팔린다. Lithops는 수분이 거의 없는 빡빡한 모래 토양과 극히 높은 온도에서 잘 자란다. Lithops는 작은 식물로, 토양의 표면 위로 1인치 이상 거의 자라지 않고 보통 단 두개의 잎을 가지고 있다. 두꺼운 잎은 동물 발의 갈라진 틈이나 함께 모여있는 한 쌍의 회갈색 빛을 띠는 돌과 닮았다. 이 식물은 실제 줄기는 없고 식물의 대부분이 땅속에 묻혀있다. 겉모양은 수분을 보존하는 효과를 가지고 있다.

25 제목

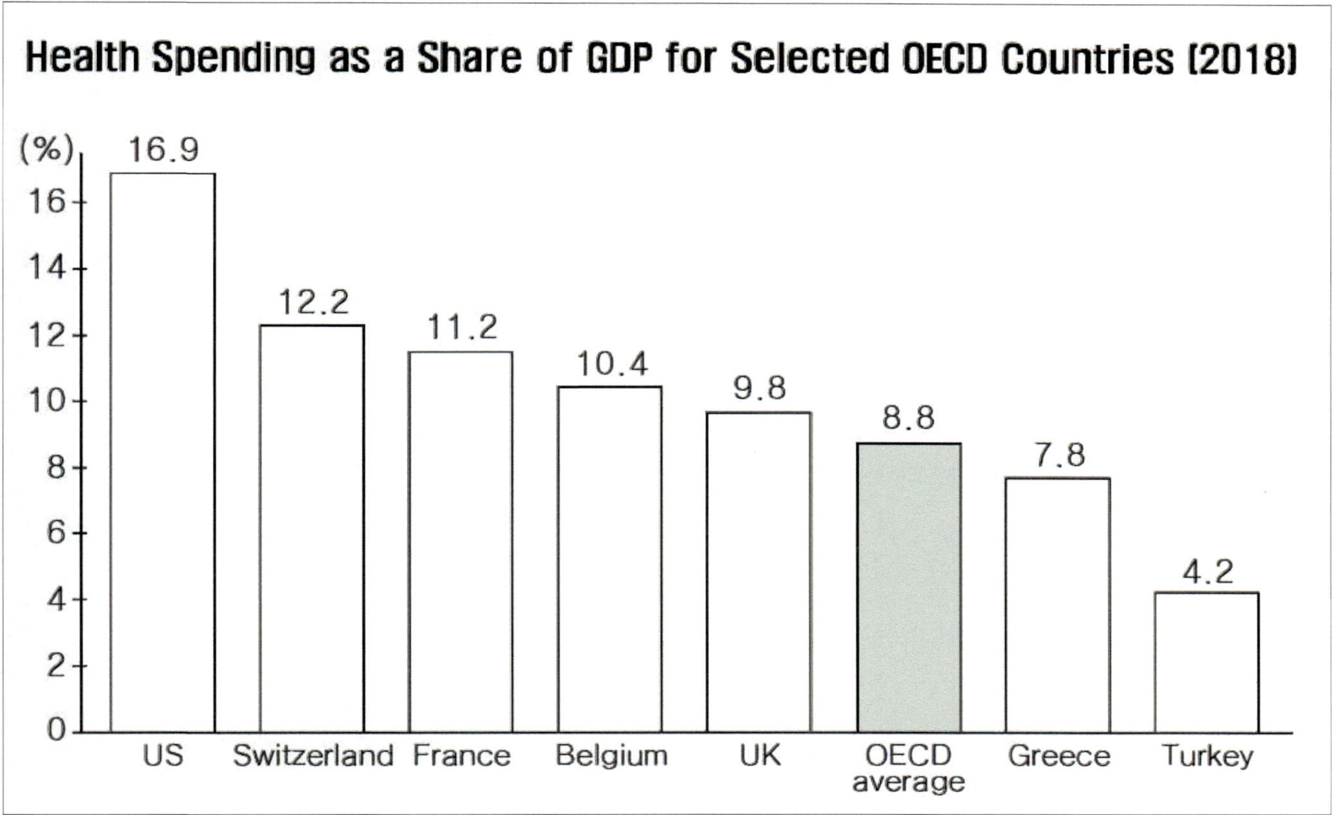

The above graph shows health spending as a share of GDP for selected OECD countries in 2018. On average, OECD countries were estimated to have spent 8.8 percent of their GDP on health care. Among the given countries above, the US had the highest share, with 16.9 percent, followed by Switzerland at 12.2 percent. France spent more than 11 percent of its GDP, while Turkey spent less than 5 percent of its GDP on health care. Belgium's health spending as a share of GDP sat between that of France and the UK. There was a 2 percentage point difference in the share of GDP spent on health care between the UK and Greece.

위 그래프는 선택된 OECD 국가들의 2018년 건강 관련 지출을 GDP 점유율로 보여준다. ①평균적으로, OECD 국가들은 GDP의 8.8%를 건강 관리에 지출한 것으로 추정되었다. ②위 국가들 중 미국은 GDP의 16.9%로 가장 높은 점유율을 보였고, 이어 스위스는 12.2%를 보였다. ③프랑스는 GDP의 11% 이상을 지출했던 반면, 터키는 GDP의 5% 이하를 건강 관리에 지출했다. ④GDP 점유율로서 벨기에의 건강 관련 지출은 프랑스와 영국 사이였다. ⑤영국과 그리스 사이의 건강 관리에 지출된 GDP의 점유율에는 3 포인트 차이가 있었다.

27 안내

"Go Green" Writing Contest
Share your talents & conserve the environment

☐ **Main Topic:** Save the Environment

☐ **Writing Categories**
- Slogan   • Poem   • Essay

☐ **Requirements:**
- Participants: High school students
- Participate in one of the above categories
  (only one entry per participant)

☐ **Deadline:** July 5th, 2021
- Email your work to apply@gogreen.com.

☐ **Prize for Each Category**
- 1st place: $80 • 2nd place: $60 • 3rd place: $40

☐ The winners will be announced only on the website on July 15th, 2021. No personal contact will be made.

☐ For more information, visit www.gogreen.com.

28 안내

Virtual Idea Exchange

Connect in real time and have discussions about the upcoming school festival.

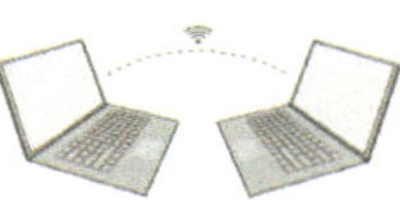

☐ **Goal**
- Plan the school festival and share ideas for it.

☐ **Participants:** Club leaders only

☐ **What to Discuss**
- Themes   • Ticket sales   • Budget

☐ **Date & Time:** 5 to 7 p.m. on Friday, June 25th, 2021

☐ **Notes**
- Get the access link by text message 10 minutes before the meeting and click it.
- Type your real name when you enter the chatroom.

29 어법

There have been occasions in which you have observed a smile and you could sense it was not genuine. The most obvious way of identifying a genuine smile from an insincere one is that a fake smile primarily only affects the lower half of the face, mainly with the mouth alone. The eyes don't really get involved. Take the opportunity to look in the mirror and manufacture a smile using the lower half your face only. When you do this, judge how happy your face really looks — is it genuine? A genuine smile will impact on the muscles and wrinkles around the eyes and less noticeably, the skin between the eyebrow and upper eyelid is lowered slightly with true enjoyment. The genuine smile can impact on the entire face.

당신이 미소를 관찰했는데 그것이 진짜가 아니라고 느낄 수 있는 경우가 있었다. 진짜 미소와 진실하지 못한 미소를 알아보는 가장 명확한 방법은 가짜 미소는 주로 입에만, 얼굴의 절반 아래쪽 부분에만, 주로 영향을 미친다는 것이다. 눈은 실제 관련이 없다. 거울을 볼 기회를 잡아서 당신의 얼굴 아랫부분만을 사용하여 미소를 지어봐라. 당신이 이렇게 할 때, 당신의 얼굴이 실제로 얼마나 행복해 보이는지를 판단해 봐라. 그것은 진짜인가? 진짜 미소는 눈가 근육과 주름에 영향을 주며, 티가 덜 나게 눈썹과 윗눈꺼풀 사이의 피부가 진정한 즐거움으로 살짝 내려오는 것이다. 진짜 미소는 얼굴 전체에 영향을 줄 수 있다.

30 어휘

Detailed study over the past two or three decades is showing that the complex forms of natural systems are essential to their functioning. The attempt to straighten rivers and give them regular cross-sections is perhaps the most disastrous example of this form-and-function relationship. The natural river has a very irregular form: it curves a lot, spills across floodplains, and leaks into wetlands, giving it an ever-changing and incredibly complex shoreline. This allows the river to accommodate variations in water level and speed. Pushing the river into tidy geometry destroys functional capacity and results in disasters like the Mississippi floods of 1927 and 1993 and, more recently, the unnatural disaster of Hurricane Katrina. A $50 billion plan to "let the river loose" in Louisiana recognizes that the controlled Mississippi is washing away twenty-four square miles of that state annually.

* geometry: 기하학 ** capacity: 수용능력

지난 20년 혹은 30년 동안의 상세한 연구는 자연계의 복잡한 형태가 그것의 기능에 필수적이라는 것을 보여주고 있다. 강을 직선화하고 규칙적인 횡단면으로 만들고자 하는 시도는 아마도 이러한 형태기능 관계의 가장 막심한 피해 사례가 될 수 있다. 자연 발생적인 강은 매우 불규칙한 형태를 가지고 있다. 그것은 많이 굽이치고, 범람원을 가로질러 넘쳐 흐르고, 습지로 스며들어가서 끊임없이 변화하여, 엄청나게 복잡한 강가를 만든다. 이것은 강의 수위와 속도 변화를 막을(→조절할) 수 있게 한다. 강을 질서정연한 기하학적 형태에 맞춰 넣는 것은 기능적 수용 능력을 파괴하고 1927년과 1993년의 Mississippi강의 홍수와, 더 최근에는, 허리케인 Katrina와 같은 비정상적인 재난을 초래한다. Louisiana에서 "강을 자유롭게 흐르도록 두라.(let the river loose.)"라는 500억 달러 계획은 통제된 Mississippi강이 매년 그 주의 24제곱마일을 유실시키고 있다는 것을 인정한 것이다.

31 빈칸

In a culture where there is a belief that you can have anything you truly want, there is no problem in choosing. Many cultures, however, do not maintain this belief. In fact, many people do not believe that life is about getting what you want. Life is about doing what you are supposed to do. The reason they have trouble making choices is they believe that what they may want is not related to what they are supposed to do. The weight of outside considerations is greater than their desires. When this is an issue in a group, we discuss what makes for good decisions. If a person can be unburdened from their cares and duties and, just for a moment, consider what appeals to them, they get the chance to sort out what is important to them. Then they can consider and negotiate with their external pressures.

당신이 진정으로 원하는 것은 무엇이든지 가질 수 있다고 믿는 문화에서는 선택은 문제가 안 된다. 그러나 많은 문화들은 이러한 믿음을 유지하지 못한다. 사실, 많은 사람들은 삶이란 당신이 원하는 것을 얻는 것이라고 믿지 않는다. 인생은 당신이 해야 할 것을 하는 것이다. 그들이 선택을 하는 데 있어 어려움을 겪는 이유는 그들이 원하는 것이 그들이 해야 할 일과 관련이 없다고 믿기 때문이다. 외적으로 고려할 문제의 비중이 그들의 욕망보다 더 크다. 이것이 어떤 집단에서 논의 대상이 될 때, 우리는 좋은 결정을 내리려고 의논을 한다. 만약 어떤 사람이 걱정과 의무로부터 벗어나 그들에게 호소하는 것이 무엇인지를 잠시 동안 생각해 본다면, 그들은 자신에게 무엇이 중요한지를 가려낼 기회를 얻게 될 것이다. 그리고 나서 그들은 외적인 부담에 대해 고려하고 협상할 수 있다.

32 빈칸

Research has confirmed that athletes are less likely to participate in unacceptable behavior than are non-athletes. However, moral reasoning and good sporting behavior seem to decline as athletes progress to higher competitive levels, in part because of the increased emphasis on winning. Thus winning can be a double-edged sword in teaching character development. Some athletes may want to win so much that they lie, cheat, and break team rules. They may develop undesirable character traits that can enhance their ability to win in the short term. However, when athletes resist the temptation to win in a dishonest way, they can develop positive character traits that last a lifetime. Character is a learned behavior, and a sense of fair play develops only if coaches plan to teach those lessons systematically.

* trait: 특성

운동 선수는 선수가 아닌 사람들보다 받아들여지지 않는 행동을 덜 할 것이라고 연구는 확인했다. 그러나 부분적으로 승리에 대한 강조가 커지기 때문에 운동 선수가 더 높은 경쟁적 수준까지 올라감에 따라서 도덕적 분별력과 바람직한 스포츠 행위가 감소하는 것 같다. 그래서 승리라는 것은 인성 함양을 가르치는 데 있어서 양날의 검이 될 수 있다. 어떤 선수는 너무나 이기려고 하다 보니 그 결과 거짓말하고 속이고 팀 규칙을 위반한다. 그들은 단시간에 이기고자 자신의 능력을 강화할 수 있는 바람직하지 못한 인격 특성을 계발할지 모른다. 그러나 선수가 부정한 방법으로 이기고자 하는 유혹에 저항할 때 그들은 일생동안 지속되는 긍정적인 인격 특성을 계발할 수 있다. 인성이라는 것은 학습되는 행동이며 그러한 교훈을 체계적으로 가르치고자 계획할 때만 페어 플레이 정신은 발달한다.

33 빈칸

Due to technological innovations, music can now be experienced by more people, for more of the time than ever before. Mass availability has given individuals unheard-of control over their own sound-environment. However, it has also confronted them with the simultaneous availability of countless genres of music, in which they have to orient themselves. People start filtering out and organizing their digital libraries like they used to do with their physical music collections. However, there is the difference that the choice lies in their own hands. Without being restricted to the limited collection of music-distributors, nor being guided by the local radio program as a 'preselector' of the latest hits, the individual actively has to choose and determine his or her musical preferences. The search for the right song is thus associated with considerable effort.

* simultaneous: 동시의

기술 혁신으로 인해, 음악은 이제 이전보다 더 많은 시간 동안 더 많은 사람에 의해 경험될 수 있다. 대중 이용 가능성은 개인들에게 그들 자신의 음향 환경에 대한 들어본 적이 없는 통제권을 주었다. 하지만 그들은 무수한 장르의 음악을 동시에 이용할 수 있는 상황에 맞닥뜨리게 되었고 그들은 그 상황에 적응해야만 한다. 사람들은 이전에 물리적 형태를 지닌 음악을 수집했던 것처럼 자신들의 디지털 라이브러리를 필터링하고 조합하기 시작한다. 하지만 선택권은 자신이 가진다는 차이가 있다. 음악 배급자의 제한된 컬렉션에 국한되지 않고, 또한 최신 히트곡의 '사전 선택자'로서 지역 라디오 프로그램의 안내를 받지 않고, 개인은 적극적으로 자신이 선호하는 음악을 선택하고 결정해야 한다. 따라서 적절한 노래를 찾는 것은 상당한 노력과 관련이 있다.

34 빈칸

It is common to assume that creativity concerns primarily the relation between actor(creator) and artifact(creation). However, from a sociocultural standpoint, the creative act is never "complete" in the absence of a second position — that of an audience. While the actor or creator him/herself is the first audience of the artifact being produced, this kind of distantiation can only be achieved by internalizing the perspective of others on one's work. This means that, in order to be an audience to your own creation, a history of interaction with others is needed. We exist in a social world that constantly confronts us with the "view of the other." It is the view we include and blend into our own activity, including creative activity. This outside perspective is essential for creativity because it gives new meaning and value to the creative act and its product.　　　　* artifact: 창작물

창조성은 주로 행위자(창작자)와 창작물(창작) 사이의 관계와 관련이 있다고 가정하는 것이 일반적이다. 그러나 사회 문화적 관점에서 볼 때, 창작 행위는 관객의 부재 다시 말해 제2의 입장이 부재한 상황에서는 결코 "완전"하지 않다. 행위자나 창작자 자신은 만들어지고 있는 창작물의 첫 번째 관객이지만, 이런 거리두기는 다른 사람의 관점을 자신의 작품 속에 내면화하는 것으로서만 이루어진다. 이것은 자신의 창작 활동에 관객이 되기 위해서는 다른 사람들과 상호 작용하는 역사가 필요하다는 것을 의미한다. 우리는 "상대방의 관점"을 끊임없이 마주하는 사회에 살고 있으며, 그것은 창조적인 행위를 포함해서 우리가 우리 자신의 활동에 통합시키게 되는 관점이다. 이러한 외부 관점은 창작 행위와 그 결과물에 새로운 의미와 가치를 부여하기 때문에 창조성에는 필수적이다.

35 무관

Health and the spread of disease are very closely linked to how we live and how our cities operate. The good news is that cities are incredibly resilient. Many cities have experienced epidemics in the past and have not only survived, but advanced. The nineteenth and early-twentieth centuries saw destructive outbreaks of cholera, typhoid, and influenza in European cities. Doctors such as Jon Snow, from England, and Rudolf Virchow, of Germany, saw the connection between poor living conditions, overcrowding, sanitation, and disease. A recognition of this connection led to the replanning and rebuilding of cities to stop the spread of epidemics. In the mid-nineteenth century, London's pioneering sewer system, which still serves it today, was built as a result of understanding the importance of clean water in stopping the spread of cholera.

* resilient: 회복력이 있는 ** sewer system: 하수 처리 시스템

건강과 질병의 확산은 우리가 어떻게 살고 우리의 도시가 어떻게 작동하느냐와 매우 밀접하게 연관되어 있다. 좋은 소식은 도시가 믿을 수 없을 정도로 회복력이 있다는 것이다. 많은 도시는 과거에 전염병을 경험했고 살아남았을 뿐만 아니라, 발전했다. 19세기와 20세기 초 유럽의 도시들은 콜레라, 장티푸스, 독감의 파괴적인 창궐을 목격했다. 영국 출신의 Jon Snow와 독일의 Rudolf Virchow와 같은 의사들은 열악한 주거 환경, 인구 과밀, 위생과 질병의 연관성을 알게 되었다. 이 연관성에 대한 인식은 전염병의 확산을 막기 위한 도시 재 계획과 재건축으로 이어졌다. (재건 노력에도 불구하고 도시는 많은 지역에서 쇠퇴하였고 많은 사람이 떠나기 시작했다.) 19세기 중반에, 오늘날까지도 사용되고 있는 런던의 선구적인 하수 처리 시스템은 깨끗한 물이 콜레라의 확산을 막을 수 있다는 이해의 결과로 만들어졌다.

36 순서

Starting from birth, babies are immediately attracted to faces. Scientists were able to show this by having babies look at two simple images, one that looks more like a face than the other. By measuring where the babies looked, scientists found that the babies looked at the face-like image more than they looked at the non-face image. Even though babies have poor eyesight, they prefer to look at faces. But why? One reason babies might like faces is because of something called evolution. Evolution involves changes to the structures of an organism(such as the brain) that occur over many generations. These changes help the organisms to survive, making them alert to enemies. By being able to recognize faces from afar or in the dark, humans were able to know someone was coming and protect themselves from possible danger.

태어나면서부터, 아기는 즉각적으로 사람 얼굴에 끌린다. 과학자들은 아기에게 간단한 두 개의 이미지 — 하나는 다른 것에 비해 더 사람 얼굴처럼 보이는 이미지 — 를 보여줌으로써 이것을 보여줄 수 있었다. 과학자들은 아기가 바라보는 곳을 유심히 살펴보면서, 아기가 얼굴처럼 보이지 않는 이미지보다는 얼굴처럼 보이는 이미지를 더 바라본다는 것을 발견하게 되었다. 아기는 시력이 좋지 않음에도 불구하고 얼굴을 보는 것을 더 좋아한다. 왜 그럴까? 아기가 얼굴을 좋아하는 것 같은 하나의 이유는 진화라고 불리는 것 때문이다. 진화는 여러 세대를 거쳐 발생하는 유기체 구조(뇌와 같은 것)의 변화를 수반한다. 이런 변화들은 적들을 경계하게 해서 유기체가 생존하도록 도와준다. 멀리서 또는 어둠 속에서 얼굴을 알아볼 수 있음으로써, 인간은 누군가가 다가오는지 알 수 있었고 있을 법한 위험으로부터 자신을 보호할 수 있었다.

37 순서

People spend much of their time interacting with media, but that does not mean that people have the critical skills to analyze and understand it. One well-known study from Stanford University in 2016 demonstrated that youth are easily fooled by misinformation, especially when it comes through social media channels. This weakness is not found only in youth, however. Research from New York University found that people over 65 shared seven times as much misinformation as their younger counterparts. All of this raises a question: What's the solution to the misinformation problem? Governments and tech platforms certainly have a role to play in blocking misinformation. However, every individual needs to take responsibility for combating this threat by becoming more information literate.

* counterpart: 상대방

사람들은 미디어와 상호작용하는 데 많은 시간을 소비하지만, 그렇다고 해서 사람들이 미디어를 분석하고 이해하는 데 중요한 기술을 가지고 있는 것은 아니다. 2016년 Stanford 대학의 한 잘 알려진 연구는 특히 소셜 미디어 채널을 통해 젊은이들이 잘못된 정보에 쉽게 속는다는 것을 보여주었다. 그러나 이러한 약점은 젊은이에게서만 발견되는 것은 아니다. New York대학의 조사에 따르면 65세 이상의 사람들이 젊은이들 보다 7배나 더 많은 잘못된 정보를 공유한다고 한다. 이 모든 것이 의문을 제기한다: 잘못된 정보 문제에 대한 해결책은 무엇인가? 정부와 기술 플랫폼은 분명 잘못된 정보를 막아내는 데 있어 해야 할 역할을 가지고 있다. 그러나 모든 개인은 정보를 더 잘 분별함으로써 이러한 위협에 맞서 싸울 책임을 지닐 필요가 있다.

38 삽입

Sound and light travel in waves. An analogy often given for sound is that of throwing a small stone onto the surface of a still pond. Waves radiate outwards from the point of impact, just as sound waves radiate from the sound source. This is due to a disturbance in the air around us. If you bang two sticks together, you will get a sound. As the sticks approach each other, the air immediately in front of them is compressed and energy builds up. When the point of impact occurs, this energy is released as sound waves. If you try the same experiment with two heavy stones, exactly the same thing occurs, but you get a different sound due to the density and surface of the stones, and as they have likely displaced more air, a louder sound. And so, a physical disturbance in the atmosphere around us will produce a sound.

* analogy: 비유 ** radiate: 사방으로 퍼지다

소리와 빛은 파장으로 이동한다. 소리 현상에 대해 자주 언급되는 비유는 작은 돌멩이를 고요한 연못 표면에 던지는 것이다. 음파가 음원으로부터 사방으로 퍼지는 것처럼 파장이 충격 지점으로부터 바깥으로 퍼져나간다. 이것은 우리 주변의 공기 중의 교란 작용 때문이다. 만약에 당신이 막대기 두 개를 함께 쾅 친다면, 소리를 듣게 될 것이다. 막대기들이 서로 가까워질 때, 그것들 바로 앞에 있는 공기가 압축되고 에너지는 축적된다. 충돌점이 발생하면 이 에너지는 음파로 퍼져나간다. 두 개의 무거운 돌을 가지고 같은 실험을 해보면 똑같은 일이 일어나지만, 돌의 밀도와 표면 때문에 당신은 다른 소리를 듣게 되고, 그 돌이 아마 더 많은 공기를 바꿔 놓았기 때문에 당신은 더 큰 소리를 듣게 된다. 따라서 우리 주변의 대기 중에서 일어나는 물리적 교란 작용이 소리를 만든다.

39 삽입

Food chain means the transfer of food energy from the source in plants through a series of organisms with the repeated process of eating and being eaten. In a grassland, grass is eaten by rabbits while rabbits in turn are eaten by foxes. This is an example of a simple food chain. This food chain implies the sequence in which food energy is transferred from producer to consumer or higher trophic level. It has been observed that at each level of transfer, a large proportion, 80 – 90 percent, of the potential energy is lost as heat. Hence the number of steps or links in a sequence is restricted, usually to four or five. The shorter the food chain or the nearer the organism is to the beginning of the chain, the greater the available energy intake is.

* trophic: 영양의

먹이 사슬은 식물 안에 있는 에너지원으로부터 먹고 먹히는 반복되는 과정 속에서 일련의 유기체를 통해 일련의 식품 에너지가 이동하는 것을 의미한다. 초원에서 풀은 토끼에게 먹히지만 이번에는 토끼는 여우에게 먹힌다. 이것은 단순한 먹이사슬의 예이다. 이 먹이 사슬은 식품 에너지가 생산자로부터 소비자 또는 더 높은 영양 수준으로 전달되는 연쇄를 의미한다. 각 이동 단계에서 잠재적 에너지의 상당한 부분인 80~90%가 열로 손실되는 것으로 관찰되어 왔다. 그래서 하나의 연쇄(사슬) 안에 있는 단계나 연결의 수는 보통 4 ~5개로 제한된다. 먹이 사슬이 짧을수록 또는 유기체가 하위 영양 단계에 가까울수록 이용 가능한 에너지 섭취량이 더 커진다.

40 요약

A woman named Rhonda who attended the University of California at Berkeley had a problem. She was living near campus with several other people — none of whom knew one another. When the cleaning people came each weekend, they left several rolls of toilet paper in each of the two bathrooms. However, by Monday all the toilet paper would be gone. It was a classic tragedy-of-the-commons situation: because some people took more toilet paper than their fair share, the public resource was destroyed for everyone else. After reading a research paper about behavior change, Rhonda put a note in one of the bathrooms asking people not to remove the toilet paper, as it was a shared item. To her great satisfaction, one roll reappeared in a few hours, and another the next day. In the other note-free bathroom, however, there was no toilet paper until the following weekend, when the cleaning people returned.

Berkeley에 있는 California대학에 다니는 Rhonda라는 여자는 한 가지 문제 상황이 있었다. 그녀는 여러 사람들과 함께 캠퍼스 근처에 살고 있었는데 그들 중 누구도 서로를 알지는 못했다. 청소부가 주말 마다 왔을 때 화장실 두 칸 각각 몇 개의 두루마리 화장지를 두고 갔다. 그러나 월요일 즈음 모든 화장지가 없어지곤 했다. 그것은 전형적인 공유지의 비극 상황이었다. 일부 사람들이 자신들이 사용할 수 있는 몫보다 더 많은 휴지를 가져갔기 때문에 그 외 모두를 위한 공공재가 파괴됐다. 행동변화에 대한 한 연구논문을 읽고 나서, Rhonda는 화장실 화장지는 공유재이므로 사람들에게 가져가지 말라는 쪽지를 화장실 한 곳에 두었다. 아주 만족스럽게도, 몇 시간 후에 화장지 한 개가 다시 나타났고 그 다음 날에는 또 하나가 다시 나타났다. 하지만 쪽지가 없는 화장실에서는 청소부가 돌아오는 그 다음 주말까지 화장지가 없었다.

41~42 제목, 어휘

If you were afraid of standing on balconies, you would start on some lower floors and slowly work your way up to higher ones. It would be easy to face a fear of standing on high balconies in a way that's totally controlled. Socializing is trickier. People aren't like inanimate features of a building that you just have to be around to get used to. You have to interact with them, and their responses can be unpredictable. Your feelings toward them are more complex too. Most people's self-esteem isn't going to be affected that much if they don't like balconies, but your confidence can suffer if you can't socialize effectively.

It's also harder to design a tidy way to gradually face many social fears. The social situations you need to expose yourself to may not be available when you want them, or they may not go well enough for you to sense that things are under control. The progression from one step to the next may not be clear, creating unavoidable large increases in difficulty from one to the next. People around you aren't robots that you can endlessly experiment with for your own purposes. This is not to say that facing your fears is pointless when socializing. The principles of gradual exposure are still very useful. The process of applying them is just messier, and knowing that before you start is helpful.

발코니에 서 있는 것을 두려워 한다면, 당신은 더 낮은 층에서 시작해서 천천히 더 높은 층으로 올라갈 것이다. 완전히 통제된 방식으로 높은 발코니에 서 있는 두려움을 직면하기는 쉬울 것이다. 사람을 사귄다는 것은 더 까다롭다. 사람은 주변에 있어서 익숙해지는 건물과 같은 무생물이 아니다. 당신은 그들과 상호 작용을 해야 하며 그들의 반응을 예측하기가 힘들 수 있다. 그들에 대한 당신의 느낌도 역시 더 복잡하다. 대부분의 사람들의 자존감은 그들이 발코니를 좋아하지 않는다고 해도 그렇게 많이 영향을 받지 않을 것이지만, 당신이 효과적으로 사람들을 사귈 수 없다면 당신의 자신감은 상처받을 수 있다.

 사교적 두려움을 점차적으로 마주하게 할 깔끔한 방법을 설계하는 것 또한 더 어렵다. 당신을 드러낼 필요가 있는 사교적 상황이 당신이 원할 때 형성되지 않을 수 있고, 또는 그것들은 상황이 통제가능하다고 감지할 만큼 잘 진행되지 않을지도 모른다. 한 단계에서 다음 단계로의 진행은 분명하지 않을 수 있으며, 한 단계에서 다음 단계로 진행할 때 피할 수 없이 큰 어려움이 줄어들게(→늘어나게) 된다. 우리 주변의 사람들은 당신 자신의 목적을 위해서 끊임없이 실험해 볼 수 있는 로봇이 아니다. 이것은 사람을 사귈 때 당신의 두려움을 직면하는 것은 의미가 없다고 말하는 것은 아니다. 점진적인 노출의 원칙은 여전히 매우 유용하다. 그것들을 적용하는 과정은 더 복잡하지만, 시작하기 전에 그것을 아는 것은 도움이 된다.

43~45 순서, 지칭, 세부 내용

When I was 17, I discovered a wonderful thing. My father and I were sitting on the floor of his study. We were organizing his old papers. Across the carpet I saw a fat paper clip. Its rust dusted the cover sheet of a report of some kind. I picked it up. I started to read. Then I started to cry. It was a speech he had written in 1920, in Tennessee. Then only 17 himself and graduating from high school, he had called for equality for African Americans. I marvelled, proud of him, and wondered how, in 1920, so young, so white, and in the deep South, where the law still separated black from white, he had had the courage to deliver it. I asked him about it. "Daddy," I said, handing him the pages, "this speech — how did you ever get permission to give it? And weren't you scared?" "Well, honey," he said, "I didn't ask for permission. I just asked myself, 'What is the most important challenge facing my generation?' I knew immediately. Then I asked myself, 'And if I weren't afraid, what would I say about it in this speech?'" "I wrote it. And I delivered it. About half way through I looked out to see the entire audience of teachers, students, and parents stand up — and walk out. Left alone on the stage, I thought to myself, 'Well, I guess I need to be sure to do only two things with my life: keep thinking for myself, and not get killed.'" He handed the speech back to me, and smiled. "You seem to have done both," I said.

17살 때 나는 놀라운 물건을 발견했다. 아버지와 나는 서재 바닥에 앉아 있었다. 우리는 그의 오래된 서류들을 정리하고 있었다. 나는 카펫 너머에 있는 두꺼운 종이 클립을 보았다. 그것의 녹이 어떤 종류의 보고서의 표지 겉장 부분을 더럽혔다. 나는 그것을 집어 들었다. 나는 읽기 시작했다. 그리고 나서 나는 울기 시작했다. 그것은 1920년 Tennessee주에서 아버지가 썼던 연설문이었다. 아버지는 그 당시 단지 17살에 고등학교를 졸업했을 뿐인데 아프리카계 미국인들을 위한 평등을 요구하였다. 아버지를 자랑스럽게 여기면서 나는 놀라워했고, 1920년에 법으로 백인과 흑인을 여전히 분리시키고 있었던 최남부 지역에서 그렇게 어리고 백인이었던 그가 어떻게 그 연설을 할 용기를 가지고 있었는지 궁금했다. 나는 그에게 그것에 관해 물어봤다. 그에게 서류를 건네 드리며 "아빠, 이 연설, 어떻게 이것을 하도록 허락을 받으셨나요? 두렵지 않으셨나요?"라고 말했다. "얘야" 그가 말했다. "난 허락을 구하지 않았단다. 단지 '우리 세대가 직면하고 있는 가장 중요한 도전 과제는 무엇인가?'라고 나 자신에게 물어보았지. 난 즉시 알았어. 그 뒤 '내가 두려워하지 않는다면, 이 연설에서 이것에 대해 무엇을 말할까?'라고 나는 스스로에게 물었지." "난 글을 썼어. 그리고 연설을 했지. 대략 반쯤 연설을 했을 때 교사, 학생, 학부모로 이루어진 전체 청중이 일어나더니 나가 버리는 것을 바라보았어. 무대에 홀로 남겨진 채 '그래, 내 인생에서 두 가지만 확실히 해내면 될 것 같아. 계속 스스로 생각하는 것과 죽임을 당하지 않는 것.'이라고 나는 마음속으로 생각했어." 아버지는 연설문을 나에게 돌려주며 미소 지으셨다. "당신은 그 두 가지 모두를 해내신 것처럼 보이네요"라고 나는 말했다.

2021 고1 6월 모의고사 ❶ 회차 : 점 / 200점

❶ voca ❷ text ❸ [/] ❹ _____ ❺ quiz 1 ❻ quiz 2 ❼ quiz 3 ❽ quiz 4 ❾ quiz 5

18 목적

Dear Mr. Jones,

I am James Arkady, PR Director of KHJ Corporation. We are planning [to redesign / redesigning]1) our brand [identity / identification]2) and launch a new logo to [celebrate / celebrating]3) our 10th anniversary. We request you to create a logo that best [suit / suits]4) our company's core vision, 'To [aspire / inspire]5) humanity.' I hope the new logo will convey our brand message and capture the values of KHJ. Please send us your logo design proposal once you are done with it. Thank you.

Best regards, James Arkady

Jones씨에게, 저는 KHJ Corporation의 홍보부 이사 James Arkady입니다. 저희 회사의 창립 10주년을 기념하기 위해서 저희 회사 브랜드 정체성을 다시 설계하고 새로운 로고를 선보일 계획입니다. 저희 회사의 핵심 비전 '인류애를 고양하자'를 가장 잘 반영한 로고를 제작해주시기를 요청합니다. 새로운 로고가 저희 회사 브랜드 메시지를 전달하고 KHJ의 가치가 담기기를 바랍니다. 완성하는 대로 로고 디자인 제안서를 보내 주십시오. 감사합니다.
James Arkady 드림

19 심경

One day, Cindy happened to sit next to a famous artist in a café, and she was [thrilling / thrilled]6) to see him in person. He was drawing on a used napkin over coffee. She was looking on in awe. After a few moments, the man finished his coffee and was about to throw away the napkin as he [leave / left]7) . Cindy stopped him. "Can I have that napkin you [drew / drew on]8)?", she asked. "Sure," he replied. "Twenty thousand dollars." She said, with her eyes wide-open, "What? It took you like two minutes to draw that." "No," he said. "It took me over sixty years to draw this." [Being / Been]9) at a loss, she stood still [root / rooted]10) to the ground.

어느 날, Cindy는 카페에서 우연히 유명한 화가 옆에 앉게 되었고, 그녀는 직접 그를 만나게 되어 감격했다. 그는 커피를 마시면서 사용하던 냅킨에 그림을 그리고 있었다. 그녀는 경외심을 가지고 지켜보고 있었다. 잠시 후에, 그 남자는 커피를 다 마시고 나서 자리를 뜨면서 그 냅킨을 버리려고 했다. Cindy는 그를 멈춰 세웠다. "당신이 그림을 그렸던 냅킨을 가져도 될까요?"라고 그녀가 물었다. "물론이죠,"라고 그가 대답했다. "2만 달러 입니다." 그녀는 눈을 동그랗게 뜨고 말했다, "뭐라구요? 그리는 데 2분밖에 안 걸렸잖아요." "아니요," 라고 그가 말했다. "나는 이것을 그리는 데 60년 넘게 걸렸어요." 그녀는 어쩔 줄 몰라 꼼짝 못한 채 서 있었다.

20 요지

Sometimes, you feel the need to avoid something that will lead to success out of [comfort / discomfort]11) . Maybe you are avoiding extra work [because / because of]12) you are tired. You are actively shutting out [success / failure]13) because you want to avoid [to be / being]14) uncomfortable. Therefore, [overcoming / oncoming]15) your instinct to avoid uncomfortable things at first is essential. Try doing new things outside of your comfort zone. Change is always [comfortable / uncomfortable]16) , but it is key to doing things [different / differently]17) in order to find that magical formula for success.

가끔씩은 당신은 불편하기 때문에 성공으로 이끌어 줄 무언가를 피할 필요가 있다고 느낀다. 아마도 당신은 피곤하기 때문에 추가적인 일을 피하고 있다. 당신은 불편한 것을 피하고 싶어서 적극적으로 성공을 차단하고 있다. 따라서 처음에는 불편한 것을 피하고자 하는 당신의 본능을 극복하는 것이 필요하다. 편안함을 주는 곳을 벗어나서 새로운 일을 시도하라. 변화는 항상 불편하지만, 성공을 위한 마법의 공식을 찾기 위해서 그것(변화)은 일을 색다르게 하는 데 있어 핵심이다.

21 주장

We have a tendency to interpret events [relatively / selectively]18) . If we want things to be "this way" or "that way" we can most certainly select, stack, or arrange evidence in a way that [denies / supports]19) such a viewpoint. Selective perception is based on [that / what]20) seems to us to stand out. [Moreover / However]21) , what seems to us to be standing out [may / may as]22) very well be [related / unrelated]23) to our goals, interests, expectations, past experiences, or current demands of the situation — "with a hammer in hand, everything looks like a nail." This quote [highlights / overwhelms]24) the phenomenon of [indiscriminate / selective]25) perception. If we want to use a hammer, then the world around us may begin to look as though it is full of nails!

우리는 사건을 선택적으로 해석하는 경향이 있다. 만약 우리가 일이 "이렇게" 또는 "그렇게" 되기를 원한다면, 우리는 틀림없이 그러한 관점을 뒷받침하는 방식으로 증거를 선택하거나 쌓거나 배열할 수 있다. 선택적인 지각은 우리에게 두드러져 보이는 것에 기반을 둔다. 그러나 우리에게 두드러져 보이고 있는 것은 우리의 목표, 관심사, 기대, 과거의 경험 또는 상황에 대한 현재의 요구와 매우 관련 있을지도 모른다 — "망치를 손에 들고 있으면, 모든 것은 못처럼 보인다." 이 인용문은 선택적 지각의 현상을 강조한다. 만약 우리가 망치를 사용하기를 원하면, 우리 주변의 세상은 못으로 가득 찬 것처럼 보이기 시작할지도 모른다!

22 의미

Rather than attempting to [praise / punish]26) students with a low grade or mark in the hope it will encourage them to give greater effort in the future, teachers can better motivate students by considering their work as [complete / incomplete]27) and then requiring [additional / reduced]28) effort. Teachers at Beachwood Middle School in Beachwood, Ohio, record students' grades as A, B, C, or I (Incomplete). Students who receive an [A / I]29) grade are required to do additional work in order to bring their performance [up / down]30) to an acceptable level. This policy is based on the belief [that / which]31) students perform at a failure level or [permit / submit]32) failing work in large part because teachers accept it. The Beachwood teachers reason that if they no longer accept [superior / substandard]33) work, students will not [admit / submit]34) it. And with appropriate support, they believe students will continue to work until their performance is [incomplete / satisfactory]35) .

학생이 미래에 더 많은 노력을 기울이게 하고 싶은 바람에서 낮은 등급이나 점수로 학생을 벌주려고 하기보다는, 그들의 과제가 미완성이라고 여기고 추가적인 노력을 요구함으로써 교사는 학생에게 동기 부여를 더 잘할 수 있다. Ohio주 Beachwood의 Beachwood 중학교 교사는 학생의 등급을 A, B, C 또는 I (미완성)로 기록한다. I 등급을 받은 학생은 자신의 과제 수행을 수용 가능한(기준에 맞는) 수준까지 끌어올리기 위해서 추가적인 과제를 하도록 요구받는다. 이런 방침은 학생이 낙제 수준으로 수행하거나 낙제 과제를 제출하는 것이 대체로 교사가 그것을 받아들이기 때문이라는 믿음에 근거한다. Beachwood의 교사는 만약 그들이 더 이상 기준 이하의 과제를 받아들이지 않는다면, 학생이 그것을 제출하지 않을 것이라고 생각한다. 그리고 학생들은 적절한 도움을 받아서 자신의 과제 수행이 만족스러울 때까지 계속 노력할 것이라고 그들은 믿는다.

23 주제

Curiosity makes us [much / very]36) more likely to view a [subtle / tough]37) problem as an interesting challenge to take on. A stressful meeting with our boss becomes an [opportunity / burden]38) to learn. A nervous first date becomes an exciting night out with a new person. A colander becomes a hat. In general, curiosity motivates us to view stressful situations as [challenges / threats]39) rather than [challenges / threats]40) , to talk about difficulties more openly, and to try new approaches to solving problems. In fact, curiosity is associated with a less [defensive / offensive]41) reaction to stress and, as a result, [more / less]42) [acceptance / aggression]43) when we respond to [irritation / satisfaction]44) .

* colander: (음식 재료의 물을 빼는 데 쓰는) 체

호기심은 우리로 하여금 어려운 문제를 맡아야 할 흥미로운 도전으로 더 여기게 한다. 스트레스를 받는 상사와의 회의는 배울 수 있는 기회가 된다. 긴장이 되는 첫 데이트는 새로운 사람과의 멋진 밤이 된다. 주방용 체는 모자가 된다. 일반적으로, 호기심은 우리로 하여금 스트레스를 받는 상황을 위협보다는 도전으로 여기게 하고, 어려움을 터놓고 말하게 하고, 문제 해결에 있어 새로운 접근을 시도하도록 동기를 부여해 준다. 실제로 호기심은 스트레스에 대한 방어적인 반응이 줄어들고, 그 결과 짜증에 반응할 때 공격성이 줄어드는 것과 관련이 있다.

24 제목

When people think about the development of cities, rarely [they do / do they]45) consider the critical role of [horizontal / vertical]46) transportation. In fact, each day, more than 7 billion elevator journeys [taken / are taken]47) in tall buildings all over the world. Efficient [horizontal / vertical]48) transportation can expand our ability to build taller and taller skyscrapers. Antony Wood, a Professor of Architecture at the Illinois Institute of Technology, explains that [advances / regressions]49) in elevators over the past 20 years are probably the greatest [advances / regressions]50) we have seen in tall buildings. For example, elevators in the Jeddah Tower in Jeddah, Saudi Arabia, under [construction / destruction]51) , will reach a height record of 660m.

사람들은 도시 발전에 대해 생각할 때, 수직 운송 수단의 중요한 역할을 거의 고려하지 않는다. 실제로 매일 70억 회 이상의 엘리베이터 이동이 전 세계 높은 빌딩에서 이루어진다. 효율적인 수직 운송 수단은 점점 더 높은 고층 건물을 만들 수 있는 우리의 능력을 확장시킬 수 있다. Illinois 공과대학의 건축학과 교수인 Antony Wood는 지난 20년 간의 엘리베이터의 발전은 아마도 우리가 높은 건물에서 봐 왔던 가장 큰 발전이라고 설명한다. 예를 들어, 건설 중인 사우디 아라비아 Jeddah의 Jeddah Tower에 있는 엘리베이터는 660미터 라는 기록적인 높이에 이를 것이다.

26 일치

Lithops are plants that [are often called / often called]52) 'living stones' on account of their unique rocklike [appearance / disappearance]53) . They are native to the deserts of South Africa but commonly sold in garden centers and nurseries. Lithops grow well in compacted, sandy soil with [few / little]54) water and extreme hot temperatures. Lithops are small plants, rarely getting more than an inch above the soil surface and usually with only two leaves. The thick leaves [resemble / resemble with]55) the cleft in an animal's foot or just a pair of grayish brown stones [are gathered / gathered]56) together. The plants have no true stem and much of the plant is underground. Their appearance has the [affect / effect]57) of conserving moisture.

* cleft: 갈라진 틈

Lithops는 독특한 바위 같은 겉모양 때문에 종종 '살아있는 돌'로 불리는 식물이다. 이것은 원산지가 남아프리카 사막이지만, 식물원과 종묘원에서 흔히 팔린다. Lithops는 수분이 거의 없는 빡빡한 모래 토양과 극히 높은 온도에서 잘 자란다. Lithops는 작은 식물로, 토양의 표면 위로 1인치 이상 거의 자라지 않고 보통 단 두개의 잎을 가지고 있다. 두꺼운 잎은 동물 발의 갈라진 틈이나 함께 모여있는 한 쌍의 회갈색 빛을 띠는 돌과 닮았다. 이 식물은 실제 줄기는 없고 식물의 대부분이 땅속에 묻혀있다. 겉모양은 수분을 보존하는 효과를 가지고 있다.

25 제목

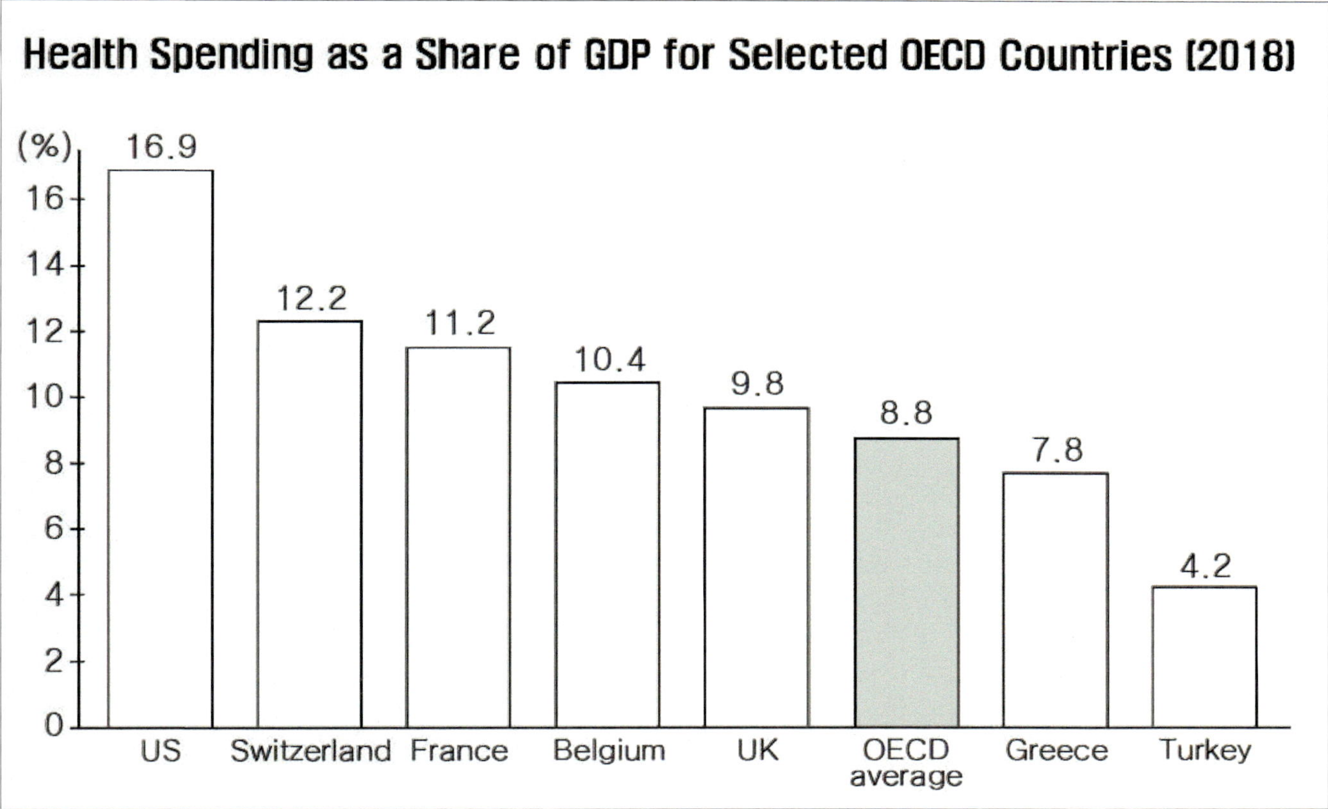

The above graph shows health [spending / spent][58] as a [share / sharing][59] of GDP for selected OECD countries in 2018. On average, OECD countries were estimated to [spend / have spent][60] 8.8 percent of their GDP on health care. Among the given countries above, the US had the highest share, with 16.9 percent, [following / followed by][61] Switzerland at 12.2 percent. France spent more than 11 percent of its GDP, while Turkey spent [less / more][62] than 5 percent of its GDP on health care. Belgium's health spending as a share of GDP sat between that of France and the UK. There was a 2 percentage point difference in the share of GDP [spending / spent][63] on health care between the UK and Greece.

위 그래프는 선택된 OECD 국가들의 2018년 건강 관련 지출을 GDP 점유율로 보여준다. ①평균적으로, OECD 국가들은 GDP의 8.8%를 건강 관리에 지출한 것으로 추정되었다. ②위 국가들 중 미국은 GDP의 16.9%로 가장 높은 점유율을 보였고, 이어 스위스는 12.2%를 보였다. ③프랑스는 GDP의 11% 이상을 지출했던 반면, 터키는 GDP의 5% 이하를 건강 관리에 지출했다. ④GDP 점유율로서 벨기에의 건강 관련 지출은 프랑스와 영국 사이였다. ⑤영국과 그리스 사이의 건강 관리에 지출된 GDP의 점유율에는 3 포인트 차이가 있었다.

29 어법

There have been occasions in which you have observed a smile and you could sense it was not [genuine / fake]64) . The most obvious way of [identifying / identity]65) a genuine smile from an [sincere / insincere]66) one is that a fake smile primarily only affects the lower half of the face, mainly with the mouth alone. The eyes don't really get involved. Take the opportunity to look in the mirror and manufacture a smile using the lower half your face only. When you do this, judge how [happy / happily]67) your face really looks — is it genuine? A genuine smile will impact on the muscles and wrinkles around the eyes and [more / less]68) noticeably, the skin between the eyebrow and upper eyelid is [raised / lowered]69) slightly with true enjoyment. The genuine smile can impact on the [half / entire]70) face.

당신이 미소를 관찰했는데 그것이 진짜가 아니라고 느낄 수 있는 경우가 있었다. 진짜 미소와 진실하지 못한 미소를 알아보는 가장 명확한 방법은 가짜 미소는 주로 입에만, 얼굴의 절반 아래쪽 부분에만, 주로 영향을 미친다는 것이다. 눈은 실제 관련이 없다. 거울을 볼 기회를 잡아서 당신의 얼굴 아랫부분만을 사용하여 미소를 지어봐라. 당신이 이렇게 할 때, 당신의 얼굴이 실제로 얼마나 행복해 보이는지를 판단해 봐라. 그것은 진짜인가? 진짜 미소는 눈가 근육과 주름에 영향을 주며, 티가 덜 나게 눈썹과 윗눈꺼풀 사이의 피부가 진정한 즐거움으로 살짝 내려오는 것이다. 진짜 미소는 얼굴 전체에 영향을 줄 수 있다.

30 어휘

Detailed study over the past two or three decades is showing that the [complex / simple]71) forms of natural systems are essential to their functioning. The attempt to [straighten / bend]72) rivers and give them [regular / irregular]73) cross-sections [is / are]74) perhaps the most [applicable / disastrous]75) example of this form-and-function relationship. The natural river has a very [regular / irregular]76) form: it curves a lot, spills across floodplains, and leaks into wetlands, giving it an ever-changing and incredibly [complex / simplified]77) shoreline. This allows the river to accommodate [consistency / variations]78) in water level and speed. Pushing the river into [tidy / messy]79) geometry destroys functional capacity and results in disasters like the Mississippi floods of 1927 and 1993 and, more recently, the unnatural disaster of Hurricane Katrina. A $50 billion plan to "let the river [clean / loose]80) " in Louisiana recognizes that the controlled Mississippi is washing away twenty-four square miles of that state annually.

* geometry: 기하학 ** capacity: 수용능력

지난 20년 혹은 30년 동안의 상세한 연구는 자연계의 복잡한 형태가 그것의 기능에 필수적이라는 것을 보여주고 있다. 강을 직선화하고 규칙적인 횡단면으로 만들고자 하는 시도는 아마도 이러한 형태기능 관계의 가장 막심한 피해 사례가 될 수 있다. 자연 발생적인 강은 매우 불규칙한 형태를 가지고 있다. 그것은 많이 굽이치고, 범람원을 가로질러 넘쳐 흐르고, 습지로 스며들어가서 끊임없이 변화하여, 엄청나게 복잡한 강가를 만든다. 이것은 강의 수위와 속도 변화를 막을(→조절할) 수 있게 한다. 강을 질서정연한 기하학적 형태에 맞춰 넣는 것은 기능적 수용 능력을 파괴하고 1927년과 1993년의 Mississippi강의 홍수와, 더 최근에는, 허리케인 Katrina와 같은 비정상적인 재난을 초래한다. Louisiana에서 "강을 자유롭게 흐르도록 두라.(let the river loose.)"라는 500억 달러 계획은 통제된 Mississippi강이 매년 그 주의 24제곱마일을 유실시키고 있다는 것을 인정한 것이다.

31 빈칸

In a culture [which / where]81) there is a belief [that / which]82) you can have anything you truly want, there is no problem in choosing. Many cultures, however, do not maintain this belief. In fact, many people do not believe that life is about getting [that / what]83) you want. Life is about doing [that / what]84) you are supposed to do. The reason they have trouble [to make / making]85) choices is they believe [that / which]86) [that / what]87) they may want is not related to [that / what]88) they are supposed to do. The weight of [inside / outside]89) considerations is greater than their desires. When this is an issue in a group, we discuss what makes for good decisions. If a person can be [burdened / unburdened]90) from their cares and duties and, just for a moment, consider [that / what]91) appeals to them, they get the chance to sort out what is important to them. Then they can consider and negotiate with their [internal / external]92) pressures.

당신이 진정으로 원하는 것은 무엇이든지 가질 수 있다고 믿는 문화에서는 선택은 문제가 안 된다. 그러나 많은 문화들은 이러한 믿음을 유지하지 못한다. 사실, 많은 사람들은 삶이란 당신이 원하는 것을 얻는 것이라고 믿지 않는다. 인생은 당신이 해야 할 것을 하는 것이다. 그들이 선택을 하는 데 있어 어려움을 겪는 이유는 그들이 원하는 것이 그들이 해야 할 일과 관련이 없다고 믿기 때문이다. 외적으로 고려할 문제의 비중이 그들의 욕망보다 더 크다. 이것이 어떤 집단에서 논의 대상이 될 때, 우리는 좋은 결정을 내리려고 의논을 한다. 만약 어떤 사람이 걱정과 의무로부터 벗어나 그들에게 호소하는 것이 무엇인지를 잠시 동안 생각해 본다면, 그들은 자신에게 무엇이 중요한지를 가려낼 기회를 얻게 될 것이다. 그리고 나서 그들은 외적인 부담에 대해 고려하고 협상할 수 있다.

32 빈칸

Research has confirmed that athletes are less likely to participate in [acceptable / unacceptable]93) behavior than are non-athletes. However, [moral / mortal]94) reasoning and good sporting behavior seem to [decline / increase]95) as athletes progress to higher competitive levels, in part because of the increased emphasis on winning. [However / Thus]96) winning can be a double-edged sword in teaching character development. Some athletes may want to win so much that they lie, cheat, and break team rules. They may develop [desirable / undesirable]97) character traits that can enhance their [ability / discipline]98) to win in the [short / long]99) term. However, when athletes resist the temptation to win in a [honest / dishonest]100) way, they can develop [positive / negative]101) character traits that last a lifetime. Character is a learned behavior, and a sense of [fair / passionate]102) play develops only if coaches plan to teach those lessons systematically.

* trait: 특성

운동 선수는 선수가 아닌 사람들보다 받아들여지지 않는 행동을 덜 할 것이라고 연구는 확인했다. 그러나 부분적으로 승리에 대한 강조가 커지기 때문에 운동 선수가 더 높은 경쟁적 수준까지 올라감에 따라서 도덕적 분별력과 바람직한 스포츠 행위가 감소하는 것 같다. 그래서 승리라는 것은 인성 함양을 가르치는 데 있어서 양날의 검이 될 수 있다. 어떤 선수는 너무나 이기려고 하다 보니 그 결과 거짓말하고 속이고 팀 규칙을 위반한다. 그들은 단시간에 이기고자 자신의 능력을 강화할 수 있는 바람직하지 못한 인격 특성을 계발할지 모른다. 그러나 선수가 부정한 방법으로 이기고자 하는 유혹에 저항할 때 그들은 일생동안 지속되는 긍정적인 인격 특성을 계발할 수 있다. 인성이라는 것은 학습되는 행동이며 그러한 교훈을 체계적으로 가르치고자 계획할 때만 페어 플레이 정신은 발달한다.

33 빈칸

Due to technological innovations, music can now be experienced by more people, for more of the time than ever before. [Mass / Mess][103] [availability / reliability][104] has [given / deprived of][105] individuals unheard – of control over their own sound – environment. However, it has also [conformed / confronted][106] them with the [simultaneous / spontaneous][107] availability of countless genres of music, in which they have to orient themselves. People start filtering out and organizing their digital libraries like they [used / are used][108] to do with their physical music collections. However, there is the difference that the choice [lies / is laid][109] in their own hands. Without being [freed / restricted][110] to the [limited / unlimited][111] collection of music-distributors, nor being guided by the local radio program as a 'preselector' of the latest hits, the individual actively has to choose and determine his or her musical preferences. The search for the right song is thus associated with [considerable / considerate][112] effort.

* simultaneous: 동시의

기술 혁신으로 인해, 음악은 이제 이전보다 더 많은 시간 동안 더 많은 사람에 의해 경험될 수 있다. 대중 이용 가능성은 개인들에게 그들 자신의 음향 환경에 대한 들어본 적이 없는 통제권을 주었다. 하지만 그들은 무수한 장르의 음악을 동시에 이용할 수 있는 상황에 맞닥뜨리게 되었고 그들은 그 상황에 적응해야만 한다. 사람들은 이전에 물리적 형태를 지닌 음악을 수집했던 것처럼 자신들의 디지털 라이브러리를 필터링하고 조합하기 시작한다. 하지만 선택권은 자신이 가진다는 차이가 있다. 음악 배급자의 제한된 컬렉션에 국한되지 않고, 또한 최신 히트곡의 '사전 선택자'로서 지역 라디오 프로그램의 안내를 받지 않고, 개인은 적극적으로 자신이 선호하는 음악을 선택하고 결정해야 한다. 따라서 적절한 노래를 찾는 것은 상당한 노력과 관련이 있다.

34 빈칸

It is common to assume that creativity [concerns / unrelates][113] primarily the relation between actor(creator) and artifact(creation). However, from a sociocultural standpoint, the creative act is never "complete" in the [absence / presence][114] of a second position — that of an audience. While the actor or creator him/herself is the first audience of the artifact being produced, this kind of [distantiation / empathy][115] can only be achieved by [internalizing / symbolizing][116] the perspective of [myself / others][117] on one's work. This means that, in order to be an audience to your own creation, a history of [interaction / transaction][118] with [oneself / others][119] is needed. We exist in a [social / sociable][120] world that constantly confronts us with the "view of the [self / other][121] ." It is the view we [include / exclude][122] and blend into our own activity, including creative activity. This [self / outside][123] perspective is essential for creativity because it gives new meaning and value to the creative act and its product.

* artifact: 창작물

창조성은 주로 행위자(창작자)와 창작물(창작) 사이의 관계와 관련이 있다고 가정하는 것이 일반적이다. 그러나 사회 문화적 관점에서 볼 때, 창작 행위는 관객의 부재 다시 말해 제2의 입장이 부재한 상황에서는 결코 "완전"하지 않다. 행위자나 창작자 자신은 만들어지고 있는 창작물의 첫 번째 관객이지만, 이런 거리두기는 다른 사람의 관점을 자신의 작품 속에 내면화하는 것으로서만 이루어진다. 이것은 자신의 창작 활동에 관객이 되기 위해서는 다른 사람들과 상호 작용하는 역사가 필요하다는 것을 의미한다. 우리는 "상대방의 관점"을 끊임없이 마주하는 사회에 살고 있으며, 그것은 창조적인 행위를 포함해서 우리가 우리 자신의 활동에 통합시키게 되는 관점이다. 이러한 외부 관점은 창작 행위와 그 결과물에 새로운 의미와 가치를 부여하기 때문에 창조성에는 필수적이다.

35 무관

Health and the spread of disease are very closely linked to how we live and how our cities operate. The good news [is / are]124) that cities are incredibly [resilient / resistant]125). Many cities have experienced epidemics in the past and have not only [survived / survived from]126), but advanced. The nineteenth and early-twentieth centuries saw [constructive / destructive]127) outbreaks of cholera, typhoid, and influenza in European cities. Doctors such as Jon Snow, from England, and Rudolf Virchow, of Germany, saw the connection between poor living conditions, overcrowding, sanitation, and disease. A recognition of this connection led to the replanning and rebuilding of cities to [invoke / stop]128) the spread of epidemics. In the mid-nineteenth century, London's [lagging / pioneering]129) sewer system, which still serves it today, was built as a result of understanding the importance of clean water in stopping the spread of cholera.   * resilient: 회복력이 있는 ** sewer system: 하수 처리 시스템

건강과 질병의 확산은 우리가 어떻게 살고 우리의 도시가 어떻게 작동하느냐와 매우 밀접하게 연관되어 있다. 좋은 소식은 도시가 믿을 수 없을 정도로 회복력이 있다는 것이다. 많은 도시는 과거에 전염병을 경험했고 살아남았을 뿐만 아니라, 발전했다. 19세기와 20세기 초 유럽의 도시들은 콜레라, 장티푸스, 독감의 파괴적인 창궐을 목격했다. 영국 출신의 Jon Snow와 독일의 Rudolf Virchow와 같은 의사들은 열악한 주거 환경, 인구 과밀, 위생과 질병의 연관성을 알게 되었다. 이 연관성에 대한 인식은 전염병의 확산을 막기 위한 도시 재 계획과 재건축으로 이어졌다. (재건 노력에도 불구하고 도시는 많은 지역에서 쇠퇴하였고 많은 사람이 떠나기 시작했다.) 19세기 중반에, 오늘날까지도 사용되고 있는 런던의 선구적인 하수 처리 시스템은 깨끗한 물이 콜레라의 확산을 막을 수 있다는 이해의 결과로 만들어졌다.

36 순서

Starting from birth, babies are immediately [attracted to / distracted by]130) faces. Scientists were able to show this by having babies look at two simple images, one that looks more like a face than [another / the other]131). By measuring where the babies looked, scientists found that the babies looked at the face-like image [more / less]132) than they looked at the non-face image. Even though babies have poor eyesight, they prefer to look at faces. But why? One reason babies might like faces is because of something called [evolution / revolution]133). Evolution involves [changes / maintenance]134) to the structures of an organism(such as the brain) that occur over many generations. These changes help the [organization / organisms]135) to survive, making them [alert / numb]136) to enemies. By being [able / unable]137) to recognize faces from afar or in the dark, humans were able to know someone was coming and [protect / protecting]138) themselves from possible danger.

태어나면서부터, 아기는 즉각적으로 사람 얼굴에 끌린다. 과학자들은 아기에게 간단한 두 개의 이미지 — 하나는 다른 것에 비해 더 사람 얼굴처럼 보이는 이미지 — 를 보여줌으로써 이것을 보여줄 수 있었다. 과학자들은 아기가 바라보는 곳을 유심히 살펴보면서, 아기가 얼굴처럼 보이지 않는 이미지보다는 얼굴처럼 보이는 이미지를 더 바라본다는 것을 발견하게 되었다. 아기는 시력이 좋지 않음에도 불구하고 얼굴을 보는 것을 더 좋아한다. 왜 그럴까? 아기가 얼굴을 좋아하는 것 같은 하나의 이유는 진화라고 불리는 것 때문이다. 진화는 여러 세대를 거쳐 발생하는 유기체 구조(뇌와 같은 것)의 변화를 수반한다. 이런 변화들은 적들을 경계하게 해서 유기체가 생존하도록 도와준다. 멀리서 또는 어둠 속에서 얼굴을 알아볼 수 있음으로써, 인간은 누군가가 다가오는지 알 수 있었고 있을 법한 위험으로부터 자신을 보호할 수 있었다.

37 순서

People spend much of their time [interfering / interacting]139) with media, but that does not mean that people have the critical skills to analyze and understand it. One well-known study from Stanford University in 2016 demonstrated that youth are easily [fooled / enlightened]140) by misinformation, especially when it comes through social media channels. This [strength / weakness]141) is not found only in youth, however. Research from New York University found [that / what]142) people over 65 shared seven times as much [information / misinformation]143) as their younger counterparts. All of this [raises / rises]144) a question: What's the solution to the misinformation problem? Governments and tech platforms certainly have a role to play in [blocking / generating]145) misinformation. However, every individual needs to take responsibility for [accepting / combating]146) this threat by becoming more information [literate / literal]147).

* counterpart: 상대방

사람들은 미디어와 상호작용하는 데 많은 시간을 소비하지만, 그렇다고 해서 사람들이 미디어를 분석하고 이해하는 데 중요한 기술을 가지고 있는 것은 아니다. 2016년 Stanford 대학의 한 잘 알려진 연구는 특히 소셜 미디어 채널을 통해 젊은이들이 잘못된 정보에 쉽게 속는다는 것을 보여주었다. 그러나 이러한 약점은 젊은이에게서만 발견되는 것은 아니다. New York대학의 조사에 따르면 65세 이상의 사람들이 젊은이들 보다 7배나 더 많은 잘못된 정보를 공유한다고 한다. 이 모든 것이 의문을 제기한다: 잘못된 정보 문제에 대한 해결책은 무엇인가? 정부와 기술 플랫폼은 분명 잘못된 정보를 막아내는 데 있어 해야 할 역할을 가지고 있다. 그러나 모든 개인은 정보를 더 잘 분별함으로써 이러한 위협에 맞서 싸울 책임을 지닐 필요가 있다.

38 삽입

Sound and light travel in waves. An [analogy / biology]148) often given for sound is [that / those]149) of throwing a small stone onto the surface of a still pond. Waves radiate [inwards / outwards]150) from the point of impact, just as sound waves [shrink / radiate]151) from the sound source. This is due to a disturbance in the air around us. If you bang two sticks together, you will get a sound. As the sticks [approach / approach to]152) each other, the air immediately in front of them is compressed and energy builds up. When the point of impact occurs, this energy is [released / relieved]153) as sound waves. If you try the same experiment with two heavy stones, exactly the same thing occurs, but you get a different sound due to the [density / obesity]154) and surface of the stones, and as they have likely [placed / displaced]155) more air, a louder sound. And so, a physical [separation / disturbance]156) in the atmosphere around us will produce a sound.

* analogy: 비유 ** radiate: 사방으로 퍼지다

소리와 빛은 파장으로 이동한다. 소리 현상에 대해 자주 언급되는 비유는 작은 돌멩이를 고요한 연못 표면에 던지는 것이다. 음파가 음원으로부터 사방으로 퍼지는 것처럼 파장이 충격 지점으로부터 바깥으로 퍼져나간다. 이것은 우리 주변의 공기 중의 교란 작용 때문이다. 만약에 당신이 막대기 두 개를 함께 꽝 친다면, 소리를 듣게 될 것이다. 막대기들이 서로 가까워질 때, 그것들 바로 앞에 있는 공기가 압축되고 에너지는 축적된다. 충돌점이 발생하면 이 에너지는 음파로 퍼져나간다. 두 개의 무거운 돌을 가지고 같은 실험을 해보면 똑같은 일이 일어나지만, 돌의 밀도와 표면 때문에 당신은 다른 소리를 듣게 되고, 그 돌이 아마 더 많은 공기를 바꿔 놓았기 때문에 당신은 더 큰 소리를 듣게 된다. 따라서 우리 주변의 대기 중에서 일어나는 물리적 교란 작용이 소리를 만든다.

39 삽입

Food chain means the [transfer / transform]157) of food energy from the source in plants through a series of [organism / organisms]158) with the repeated process of eating and being eaten. In a grassland, grass is eaten by rabbits while rabbits in turn are eaten by foxes. This is an example of a simple food chain. This food chain [implies / replies]159) the sequence [which / in which]160) food energy is [transferred / translated]161) from producer to consumer or higher trophic level. It has been [observing / observed]162) that at each level of transfer, a large proportion, 80 – 90 percent, of the potential energy [is / are]163) lost as heat. Hence the number of [step / steps]164) or [link / links]165) in a sequence [is / are]166) restricted, usually to four or five. The shorter the food chain or the nearer the organism is to the [beginning / end]167) of the chain, the [greater / smaller]168) the available energy [intake / output]169) is.

* trophic: 영양의

먹이 사슬은 식물 안에 있는 에너지원으로부터 먹고 먹히는 반복되는 과정 속에서 일련의 유기체를 통해 일련의 식품 에너지가 이동하는 것을 의미한다. 초원에서 풀은 토끼에게 먹히지만 이번에는 토끼는 여우에게 먹힌다. 이것은 단순한 먹이사슬의 예이다. 이 먹이 사슬은 식품 에너지가 생산자로부터 소비자 또는 더 높은 영양 수준으로 전달되는 연쇄를 의미한다. 각 이동 단계에서 잠재적 에너지의 상당한 부분인 80-90%가 열로 손실되는 것으로 관찰되어 왔다. 그래서 하나의 연쇄(사슬) 안에 있는 단계나 연결의 수는 보통 4 ~5개로 제한된다. 먹이 사슬이 짧을수록 또는 유기체가 하위 영양 단계에 가까울수록 이용 가능한 에너지 섭취량이 더 커진다.

40 요약

A woman named Rhonda who attended the University of California at Berkeley had a problem. She was living near campus with several other people — [none / some]170) of whom knew one another. When the cleaning people came each weekend, they left several rolls of toilet paper in each of the two [bathroom / bathrooms]171) . However, by Monday all the toilet paper would be gone. It was a classic tragedy-of-the-commons situation: because some people took more toilet paper than their [fair / fairly]172) share, the public resource was [used / destroyed]173) for everyone else. After reading a research paper about behavior change, Rhonda put a note in one of the bathrooms asking people [to not / not to]174) remove the toilet paper, as it was a [sharing / shared]175) item. To her great [affection / satisfaction]176) , one roll reappeared in a few hours, and another the next day. In the other [note-free / note-freely]177) bathroom, however, there was no toilet paper until the following weekend, when the cleaning people returned.

Berkeley에 있는 California대학에 다니는 Rhonda라는 여자는 한 가지 문제 상황이 있었다. 그녀는 여러 사람들과 함께 캠퍼스 근처에 살고 있었는데 그들 중 누구도 서로를 알지는 못했다. 청소부가 주말 마다 왔을 때 화장실 두 칸 각각 몇 개의 두루마리 화장지를 두고 갔다. 그러나 월요일 즈음 모든 화장지가 없어지곤 했다. 그것은 전형적인 공유지의 비극 상황이었다. 일부 사람들이 자신들이 사용할 수 있는 몫보다 더 많은 휴지를 가져갔기 때문에 그 외 모두를 위한 공공재가 파괴됐다. 행동변화에 대한 한 연구논문을 읽고 나서, Rhonda는 화장실 화장지는 공유재이므로 사람들에게 가져가지 말라는 쪽지를 화장실 한 곳에 두었다. 아주 만족스럽게도, 몇 시간 후에 화장지 한 개가 다시 나타났고 그 다음 날에는 또 하나가 다시 나타났다. 하지만 쪽지가 없는 화장실에서는 청소부가 돌아오는 그 다음 주말까지 화장지가 없었다.

41~42 제목, 어휘

If you were afraid of standing on balconies, you would start on some lower floors and slowly work your way up to higher ones. It would be easy to face a fear of standing on high balconies in a way that's totally [controlled / restricted]178) . Socializing is trickier. People aren't like [animate / inanimate]179) features of a building that you just have to be around to get [used / used to]180). You have to interact with them, and their responses can be [predictable / unpredictable]181) . Your feelings toward them are more complex too. Most people's self-esteem [is / isn't]182) going to be affected that much if they don't like balconies, but your confidence [can / can't]183) suffer if you can't socialize effectively.

 It's also [harder / easier]184) to design a tidy way to gradually [face / facing]185) many social fears. The social situations you need to expose yourself to may not be available when you want them, or they may not go well enough for you to sense that things are under control. The [progression / procession]186) from one step to the next may not be clear, creating [avoidable / unavoidable]187) large increases in difficulty from one to the next. People around you [are / aren't]188) robots that you can endlessly experiment with for your own purposes. This is not to say that facing your fears is pointless when socializing. The principles of [gradual / sudden]189) exposure are still very useful. The [process / progress]190) of applying [it / them]191) is just messier, and knowing that before you start is helpful.

발코니에 서 있는 것을 두려워 한다면, 당신은 더 낮은 층에서 시작해서 천천히 더 높은 층으로 올라갈 것이다. 완전히 통제된 방식으로 높은 발코니에 서 있는 두려움을 직면하기는 쉬울 것이다. 사람을 사귄다는 것은 더 까다롭다. 사람은 주변에 있어서 익숙해지는 건물과 같은 무생물이 아니다. 당신은 그들과 상호 작용을 해야 하며 그들의 반응을 예측하기가 힘들 수 있다. 그들에 대한 당신의 느낌도 역시 더 복잡하다. 대부분의 사람들의 자존감은 그들이 발코니를 좋아하지 않는다고 해도 그렇게 많이 영향을 받지 않을 것이지만, 당신이 효과적으로 사람들을 사귈 수 없다면 당신의 자신감은 상처받을 수 있다.
 사교적 두려움을 점차적으로 마주하게 할 깔끔한 방법을 설계하는 것 또한 더 어렵다. 당신을 드러낼 필요가 있는 사교적 상황이 당신이 원할 때 형성되지 않을 수 있고, 또는 그것들은 상황이 통제가능하다고 감지할 만큼 잘 진행되지 않을지도 모른다. 한 단계에서 다음 단계로의 진행은 분명하지 않을 수 있으며, 한 단계에서 다음 단계로 진행할 때 피할 수 없이 큰 어려움이 줄어들게(→늘어나게) 된다. 우리 주변의 사람들은 당신 자신의 목적을 위해서 끊임없이 실험해 볼 수 있는 로봇이 아니다. 이것은 사람을 사귈 때 당신의 두려움을 직면하는 것은 의미가 없다고 말하는 것은 아니다. 점진적인 노출의 원칙은 여전히 매우 유용하다. 그것들을 적용하는 과정은 더 복잡하지만, 시작하기 전에 그것을 아는 것은 도움이 된다.

43~45 순서, 지칭, 세부 내용

When I was 17, I discovered a wonderful thing. My father and I were sitting on the floor of his study. We were organizing his old papers. Across the carpet I saw a fat paper clip. [Its / It's]192) rust dusted the cover sheet of a report of some kind. I picked it up. I started to read. Then I started to cry. It was a speech he [has / had]193) written in 1920, in Tennessee. Then only 17 himself and [graduating / graduated]194) from high school, he had called for equality for African Americans. I marvelled, proud of him, and wondered how, in 1920, so young, so white, and in the deep South, [which / where]195) the law still separated black from white, he had had the courage to deliver it. I asked him about it. "Daddy," I said, handing him the pages, "this speech — how did you ever get [mission / permission]196) to give it? And weren't you scared?" "Well, honey," he said, "I didn't ask for permission. I just asked myself, 'What is the most important challenge facing my generation?' I knew immediately. Then I asked myself, 'And if I weren't afraid, what would I [say / have said]197) about it in this speech?'" "I wrote it. And I delivered it. About half way through I looked out to see the entire audience of teachers, students, and parents [stand / stood]198) up — and walk out. [Leaving / Left]199) alone on the stage, I thought to myself, 'Well, I guess I need to be sure to do only two things with my life: keep [thinking / think]200) for myself, and not get killed.'" He handed the speech back to me, and smiled. "You seem to have done both," I said.

17살 때 나는 놀라운 물건을 발견했다. 아버지와 나는 서재 바닥에 앉아 있었다. 우리는 그의 오래된 서류들을 정리하고 있었다. 나는 카펫 너머에 있는 두꺼운 종이 클립을 보았다. 그것의 녹이 어떤 종류의 보고서의 표지 겉장 부분을 더럽혔다. 나는 그것을 집어 들었다. 나는 읽기 시작했다. 그리고 나서 나는 울기 시작했다. 그것은 1920년 Tennessee주에서 아버지가 썼던 연설문이었다. 아버지는 그 당시 단지 17살에 고등학교를 졸업했을 뿐인데 아프리카계 미국인들을 위한 평등을 요구하였다. 아버지를 자랑스럽게 여기면서 나는 놀라워했고, 1920년에 법으로 백인과 흑인을 여전히 분리시키고 있었던 최남부 지역에서 그렇게 어리고 백인이었던 그가 어떻게 그 연설을 할 용기를 가지고 있었는지 궁금했다. 나는 그에게 그것에 관해 물어봤다. 그에게 서류를 건네 드리며 "아빠, 이 연설, 어떻게 이것을 하도록 허락을 받으셨나요? 두렵지 않으셨나요?"라고 말했다. "얘야" 그가 말했다. "난 허락을 구하지 않았단다. 단지 '우리 세대가 직면하고 있는 가장 중요한 도전 과제는 무엇인가?'라고 나 자신에게 물어보았지. 난 즉시 알았어. 그 뒤 '내가 두려워하지 않는다면, 이 연설에서 이것에 대해 무엇을 말할까?'라고 나는 스스로에게 물었지." "난 글을 썼어. 그리고 연설을 했지. 대략 반쯤 연설을 했을 때 교사, 학생, 학부모로 이루어진 전체 청중이 일어나더니 나가 버리는 것을 바라보았어. 무대에 홀로 남겨진 채 '그래, 내 인생에서 두 가지만 확실히 해내면 될 것 같아. 계속 스스로 생각하는 것과 죽임을 당하지 않는 것.'이라고 나는 마음속으로 생각했어." 아버지는 연설문을 나에게 돌려주며 미소 지으셨다. "당신은 그 두 가지 모두를 해내신 것처럼 보이네요"라고 나는 말했다.

2021 고1 6월 모의고사　❷ 회차 :　　　점 / 200점

❶ voca　❷ text　❸ [/]　❹ ＿＿＿　❺ quiz 1　❻ quiz 2　❼ quiz 3　❽ quiz 4　❾ quiz 5

18 목적

Dear Mr. Jones,

I am James Arkady, PR Director of KHJ Corporation. We are planning [to redesign / redesigning]1) our brand [identity / identification]2) and launch a new logo to [celebrate / celebrating]3) our 10th anniversary. We request you to create a logo that best [suit / suits]4) our company's core vision, 'To [aspire / inspire]5) humanity.' I hope the new logo will convey our brand message and capture the values of KHJ. Please send us your logo design proposal once you are done with it. Thank you.

Best regards, James Arkady

19 심경

One day, Cindy happened to sit next to a famous artist in a café, and she was [thrilling / thrilled]6) to see him in person. He was drawing on a used napkin over coffee. She was looking on in awe. After a few moments, the man finished his coffee and was about to throw away the napkin as he [leave / left]7) . Cindy stopped him. "Can I have that napkin you [drew / drew on]8)?", she asked. "Sure," he replied. "Twenty thousand dollars." She said, with her eyes wide-open, "What? It took you like two minutes to draw that." "No," he said. "It took me over sixty years to draw this." [Being / Been]9) at a loss, she stood still [root / rooted]10) to the ground.

20 요지

Sometimes, you feel the need to avoid something that will lead to success out of [comfort / discomfort]11) . Maybe you are avoiding extra work [because / because of]12) you are tired. You are actively shutting out [success / failure]13) because you want to avoid [to be / being]14) uncomfortable. Therefore, [overcoming / oncoming]15) your instinct to avoid uncomfortable things at first is essential. Try doing new things outside of your comfort zone. Change is always [comfortable / uncomfortable]16) , but it is key to doing things [different / differently]17) in order to find that magical formula for success.

21 주장

We have a tendency to interpret events [relatively / selectively]18) . If we want things to be "this way" or "that way" we can most certainly select, stack, or arrange evidence in a way that [denies / supports]19) such a viewpoint. Selective perception is based on [that / what]20) seems to us to stand out. [Moreover / However]21) , what seems to us to be standing out [may / may as]22) very well be [related / unrelated]23) to our goals, interests, expectations, past experiences, or current demands of the situation — "with a hammer in hand, everything looks like a nail." This quote [highlights / overwhelms]24) the phenomenon of [indiscriminate / selective]25) perception. If we want to use a hammer, then the world around us may begin to look as though it is full of nails!

22 의미

Rather than attempting to [praise / punish]26) students with a low grade or mark in the hope it will encourage them to give greater effort in the future, teachers can better motivate students by considering their work as [complete / incomplete]27) and then requiring [additional / reduced]28) effort. Teachers at Beachwood Middle School in Beachwood, Ohio, record students' grades as A, B, C, or I (Incomplete). Students who receive an [A / I]29) grade are required to do additional work in order to bring their performance [up / down]30) to an acceptable level. This policy is based on the belief [that / which]31) students perform at a failure level or [permit / submit]32) failing work in large part because teachers accept it. The Beachwood teachers reason that if they no longer accept [superior / substandard]33) work, students will not [admit / submit]34) it. And with appropriate support, they believe students will continue to work until their performance is [incomplete / satisfactory]35) .

23 주제

Curiosity makes us [much / very]36) more likely to view a [subtle / tough]37) problem as an interesting challenge to take on. A stressful meeting with our boss becomes an [opportunity / burden]38) to learn. A nervous first date becomes an exciting night out with a new person. A colander becomes a hat. In general, curiosity motivates us to view stressful situations as [challenges / threats]39) rather than [challenges / threats]40) , to talk about difficulties more openly, and to try new approaches to solving problems. In fact, curiosity is associated with a less [defensive / offensive]41) reaction to stress and, as a result, [more / less]42) [acceptance / aggression]43) when we respond to [irritation / satisfaction]44) .

24 제목

When people think about the development of cities, rarely [they do / do they]45) consider the critical role of [horizontal / vertical]46) transportation. In fact, each day, more than 7 billion elevator journeys [taken / are taken]47) in tall buildings all over the world. Efficient [horizontal / vertical]48) transportation can expand our ability to build taller and taller skyscrapers. Antony Wood, a Professor of Architecture at the Illinois Institute of Technology, explains that [advances / regressions]49) in elevators over the past 20 years are probably the greatest [advances / regressions]50) we have seen in tall buildings. For example, elevators in the Jeddah Tower in Jeddah, Saudi Arabia, under [construction / destruction]51) , will reach a height record of 660m.

26 일치

Lithops are plants that [are often called / often called]52) 'living stones' on account of their unique rocklike [appearance / disappearance]53) . They are native to the deserts of South Africa but commonly sold in garden centers and nurseries. Lithops grow well in compacted, sandy soil with [few / little]54) water and extreme hot temperatures. Lithops are small plants, rarely getting more than an inch above the soil surface and usually with only two leaves. The thick leaves [resemble / resemble with]55) the cleft in an animal's foot or just a pair of grayish brown stones [are gathered / gathered]56) together. The plants have no true stem and much of the plant is underground. Their appearance has the [affect / effect]57) of conserving moisture.

29 어법

There have been occasions in which you have observed a smile and you could sense it was not [genuine / fake]58) . The most obvious way of [identifying / identity]59) a genuine smile from an [sincere / insincere]60) one is that a fake smile primarily only affects the lower half of the face, mainly with the mouth alone. The eyes don't really get involved. Take the opportunity to look in the mirror and manufacture a smile using the lower half your face only. When you do this, judge how [happy / happily]61) your face really looks — is it genuine? A genuine smile will impact on the muscles and wrinkles around the eyes and [more / less]62) noticeably, the skin between the eyebrow and upper eyelid is [raised / lowered]63) slightly with true enjoyment. The genuine smile can impact on the [half / entire]64) face.

25 제목

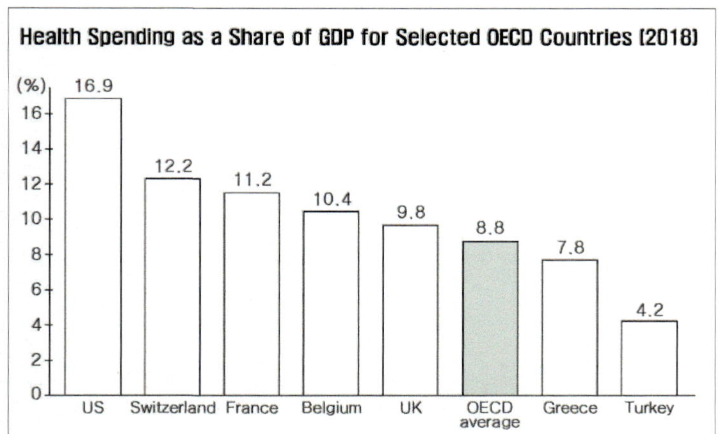

The above graph shows health [spending / spent]65) as a [share / sharing]66) of GDP for selected OECD countries in 2018. On average, OECD countries were estimated to [spend / have spent]67) 8.8 percent of their GDP on health care. Among the given countries above, the US had the highest share, with 16.9 percent, [following / followed by]68) Switzerland at 12.2 percent. France spent more than 11 percent of its GDP, while Turkey spent [less / more]69) than 5 percent of its GDP on health care. Belgium's health spending as a share of GDP sat between that of France and the UK. There was a 2 percentage point difference in the share of GDP [spending / spent]70) on health care between the UK and Greece.

30 어휘

Detailed study over the past two or three decades is showing that the [complex / simple]71) forms of natural systems are essential to their functioning. The attempt to [straighten / bend]72) rivers and give them [regular / irregular]73) cross-sections [is / are]74) perhaps the most [applicable / disastrous]75) example of this form-and-function relationship. The natural river has a very [regular / irregular]76) form: it curves a lot, spills across floodplains, and leaks into wetlands, giving it an ever-changing and incredibly [complex / simplified]77) shoreline. This allows the river to accommodate [consistency / variations]78) in water level and speed. Pushing the river into [tidy / messy]79) geometry destroys functional capacity and results in disasters like the Mississippi floods of 1927 and 1993 and, more recently, the unnatural disaster of Hurricane Katrina. A $50 billion plan to "let the river [clean / loose]80) " in Louisiana recognizes that the controlled Mississippi is washing away twenty-four square miles of that state annually.

* geometry: 기하학 ** capacity: 수용능력

31 빈칸

In a culture [which / where]81) there is a belief [that / which]82) you can have anything you truly want, there is no problem in choosing. Many cultures, however, do not maintain this belief. In fact, many people do not believe that life is about getting [that / what]83) you want. Life is about doing [that / what]84) you are supposed to do. The reason they have trouble [to make / making]85) choices is they believe [that / which]86) [that / what]87) they may want is not related to [that / what]88) they are supposed to do. The weight of [inside / outside]89) considerations is greater than their desires. When this is an issue in a group, we discuss what makes for good decisions. If a person can be [burdened / unburdened]90) from their cares and duties and, just for a moment, consider [that / what]91) appeals to them, they get the chance to sort out what is important to them. Then they can consider and negotiate with their [internal / external]92) pressures.

32 빈칸

Research has confirmed that athletes are less likely to participate in [acceptable / unacceptable]93) behavior than are non-athletes. However, [moral / mortal]94) reasoning and good sporting behavior seem to [decline / increase]95) as athletes progress to higher competitive levels, in part because of the increased emphasis on winning. [However / Thus]96) winning can be a double-edged sword in teaching character development. Some athletes may want to win so much that they lie, cheat, and break team rules. They may develop [desirable / undesirable]97) character traits that can enhance their [ability / discipline]98) to win in the [short / long]99) term. However, when athletes resist the temptation to win in a [honest / dishonest]100) way, they can develop [positive / negative]101) character traits that last a lifetime. Character is a learned behavior, and a sense of [fair / passionate]102) play develops only if coaches plan to teach those lessons systematically.   * trait: 특성

33 빈칸

Due to technological innovations, music can now be experienced by more people, for more of the time than ever before. [Mass / Mess]103) [availability / reliability]104) has [given / deprived of]105) individuals unheard – of control over their own sound – environment. However, it has also [conformed / confronted]106) them with the [simultaneous / spontaneous]107) availability of countless genres of music, in which they have to orient themselves. People start filtering out and organizing their digital libraries like they [used / are used]108) to do with their physical music collections. However, there is the difference that the choice [lies / is laid]109) in their own hands. Without being [freed / restricted]110) to the [limited / unlimited]111) collection of music-distributors, nor being guided by the local radio program as a 'preselector' of the latest hits, the individual actively has to choose and determine his or her musical preferences. The search for the right song is thus associated with [considerable / considerate]112) effort.   * simultaneous: 동시의

34 빈칸

It is common to assume that creativity [concerns / unrelates]113) primarily the relation between actor(creator) and artifact(creation). However, from a sociocultural standpoint, the creative act is never "complete" in the [absence / presence]114) of a second position — that of an audience. While the actor or creator him/herself is the first audience of the artifact being produced, this kind of [distantiation / empathy]115) can only be achieved by [internalizing / symbolizing]116) the perspective of [myself / others]117) on one's work. This means that, in order to be an audience to your own creation, a history of [interaction / transaction]118) with [oneself / others]119) is needed. We exist in a [social / sociable]120) world that constantly confronts us with the "view of the [self / other]121) ." It is the view we [include / exclude]122) and blend into our own activity, including creative activity. This [self / outside]123) perspective is essential for creativity because it gives new meaning and value to the creative act and its product.

* artifact: 창작물

35 무관

Health and the spread of disease are very closely linked to how we live and how our cities operate. The good news [is / are]124) that cities are incredibly [resilient / resistant]125) . Many cities have experienced epidemics in the past and have not only [survived / survived from]126) , but advanced. The nineteenth and early-twentieth centuries saw [constructive / destructive]127) outbreaks of cholera, typhoid, and influenza in European cities. Doctors such as Jon Snow, from England, and Rudolf Virchow, of Germany, saw the connection between poor living conditions, overcrowding, sanitation, and disease. A recognition of this connection led to the replanning and rebuilding of cities to [invoke / stop]128) the spread of epidemics. In the mid-nineteenth century, London's [lagging / pioneering]129) sewer system, which still serves it today, was built as a result of understanding the importance of clean water in stopping the spread of cholera.

* resilient: 회복력이 있는 ** sewer system: 하수 처리 시스템

36 순서

Starting from birth, babies are immediately [attracted to / distracted by]130) faces. Scientists were able to show this by having babies look at two simple images, one that looks more like a face than [another / the other]131). By measuring where the babies looked, scientists found that the babies looked at the face-like image [more / less]132) than they looked at the non-face image. Even though babies have poor eyesight, they prefer to look at faces. But why? One reason babies might like faces is because of something called [evolution / revolution]133) . Evolution involves [changes / maintenance]134) to the structures of an organism(such as the brain) that occur over many generations. These changes help the [organization / organisms]135) to survive, making them [alert / numb]136) to enemies. By being [able / unable]137) to recognize faces from afar or in the dark, humans were able to know someone was coming and [protect / protecting]138) themselves from possible danger.

37 순서

People spend much of their time [interfering / interacting]139) with media, but that does not mean that people have the critical skills to analyze and understand it. One well-known study from Stanford University in 2016 demonstrated that youth are easily [fooled / enlightened]140) by misinformation, especially when it comes through social media channels. This [strength / weakness]141) is not found only in youth, however. Research from New York University found [that / what]142) people over 65 shared seven times as much [information / misinformation]143) as their younger counterparts. All of this [raises / rises]144) a question: What's the solution to the misinformation problem? Governments and tech platforms certainly have a role to play in [blocking / generating]145) misinformation. However, every individual needs to take responsibility for [accepting / combating]146) this threat by becoming more information [literate / literal]147).

* counterpart: 상대방

38 삽입

Sound and light travel in waves. An [analogy / biology]148) often given for sound is [that / those]149) of throwing a small stone onto the surface of a still pond. Waves radiate [inwards / outwards]150) from the point of impact, just as sound waves [shrink / radiate]151) from the sound source. This is due to a disturbance in the air around us. If you bang two sticks together, you will get a sound. As the sticks [approach / approach to]152) each other, the air immediately in front of them is compressed and energy builds up. When the point of impact occurs, this energy is [released / relieved]153) as sound waves. If you try the same experiment with two heavy stones, exactly the same thing occurs, but you get a different sound due to the [density / obesity]154) and surface of the stones, and as they have likely [placed / displaced]155) more air, a louder sound. And so, a physical [separation / disturbance]156) in the atmosphere around us will produce a sound.

39 삽입

Food chain means the [transfer / transform]157) of food energy from the source in plants through a series of [organism / organisms]158) with the repeated process of eating and being eaten. In a grassland, grass is eaten by rabbits while rabbits in turn are eaten by foxes. This is an example of a simple food chain. This food chain [implies / replies]159) the sequence [which / in which]160) food energy is [transferred / translated]161) from producer to consumer or higher trophic level. It has been [observing / observed]162) that at each level of transfer, a large proportion, 80 – 90 percent, of the potential energy [is / are]163) lost as heat. Hence the number of [step / steps]164) or [link / links]165) in a sequence [is / are]166) restricted, usually to four or five. The shorter the food chain or the nearer the organism is to the [beginning / end]167) of the chain, the [greater / smaller]168) the available energy [intake / output]169) is.

* trophic: 영양의

40 요약

A woman named Rhonda who attended the University of California at Berkeley had a problem. She was living near campus with several other people — [none / some]170) of whom knew one another. When the cleaning people came each weekend, they left several rolls of toilet paper in each of the two [bathroom / bathrooms]171) . However, by Monday all the toilet paper would be gone. It was a classic tragedy-of-the-commons situation: because some people took more toilet paper than their [fair / fairly]172) share, the public resource was [used / destroyed]173) for everyone else. After reading a research paper about behavior change, Rhonda put a note in one of the bathrooms asking people [to not / not to]174) remove the toilet paper, as it was a [sharing / shared]175) item. To her great [affection / satisfaction]176) , one roll reappeared in a few hours, and another the next day. In the other [note-free / note-freely]177) bathroom, however, there was no toilet paper until the following weekend, when the cleaning people returned.

41~42 제목, 어휘

If you were afraid of standing on balconies, you would start on some lower floors and slowly work your way up to higher ones. It would be easy to face a fear of standing on high balconies in a way that's totally [controlled / restricted]178) . Socializing is trickier. People aren't like [animate / inanimate]179) features of a building that you just have to be around to get [used / used to]180). You have to interact with them, and their responses can be [predictable / unpredictable]181) . Your feelings toward them are more complex too. Most people's self-esteem [is / isn't]182) going to be affected that much if they don't like balconies, but your confidence [can / can't]183) suffer if you can't socialize effectively.

It's also [harder / easier]184) to design a tidy way to gradually [face / facing]185) many social fears. The social situations you need to expose yourself to may not be available when you want them, or they may not go well enough for you to sense that things are under control. The [progression / procession]186) from one step to the next may not be clear, creating [avoidable / unavoidable]187) large increases in difficulty from one to the next. People around you [are / aren't]188) robots that you can endlessly experiment with for your own purposes. This is not to say that facing your fears is pointless when socializing. The principles of [gradual / sudden]189) exposure are still very useful. The [process / progress]190) of applying [it / them]191) is just messier, and knowing that before you start is helpful.

43~45 순서, 지칭, 세부 내용

When I was 17, I discovered a wonderful thing. My father and I were sitting on the floor of his study. We were organizing his old papers. Across the carpet I saw a fat paper clip. [Its / It's]192) rust dusted the cover sheet of a report of some kind. I picked it up. I started to read. Then I started to cry. It was a speech he [has / had]193) written in 1920, in Tennessee. Then only 17 himself and [graduating / graduated]194) from high school, he had called for equality for African Americans. I marvelled, proud of him, and wondered how, in 1920, so young, so white, and in the deep South, [which / where]195) the law still separated black from white, he had had the courage to deliver it. I asked him about it. "Daddy," I said, handing him the pages, "this speech — how did you ever get [mission / permission]196) to give it? And weren't you scared?" "Well, honey," he said, "I didn't ask for permission. I just asked myself, 'What is the most important challenge facing my generation?' I knew immediately. Then I asked myself, 'And if I weren't afraid, what would I [say / have said]197) about it in this speech?'" "I wrote it. And I delivered it. About half way through I looked out to see the entire audience of teachers, students, and parents [stand / stood]198) up — and walk out. [Leaving / Left]199) alone on the stage, I thought to myself, 'Well, I guess I need to be sure to do only two things with my life: keep [thinking / think]200) for myself, and not get killed.'" He handed the speech back to me, and smiled. "You seem to have done both," I said.

2021 고1 6월 모의고사   ❶ 회차 :   점 / 300점

18 목적

Dear Mr. Jones,

I am James Arkady, PR Director of KHJ Corporation. We are planning to r_____________1) our brand i_____________2) and launch a new logo to c_____________3) our 10th anniversary. We request you to create a logo that best s_____________4) our company's c_____________5) vision, 'To i_____________6) h_____________7) .' I hope the new logo will c_____________8) our brand message and c_____________9) the values of KHJ. Please send us your logo design p_____________10) once you are done with <u>it</u> (무엇을 가리키는가? _____________)11). Thank you.

Best regards, James Arkady

Jones씨에게
저는 KHJ Corporation의 홍보부 이사 James Arkady입니다. 저희 회사의 창립 10주년을 기념하기 위해서 저희 회사 브랜드 정체성을 다시 설계하고 새로운 로고를 선보일 계획입니다. 저희 회사의 핵심 비전 '인류애를 고양하자'를 가장 잘 반영한 로고를 제작해주시기를 요청합니다. 새로운 로고가 저희 회사 브랜드 메시지를 전달하고 KHJ의 가치가 담기기를 바랍니다. 완성하는 대로 로고 디자인 제안서를 보내 주십시오. 감사합니다.
James Arkady 드림

19 심경

One day, Cindy happened to sit next to a famous artist in a café, and she was t_____________12) to see him in person. He was d_____________13) on a used napkin over coffee. She was looking on in a_____________14) . After a few moments, the man finished his coffee <u>and</u> (어떤 병렬? _____________)15) was about to throw away the napkin as he l_____________16) . Cindy stopped him. "Can I have that napkin you drew _____________17) ?", she asked. "Sure," he replied. "Twenty thousand dollars." She said, w_____________18) her eyes w_____________19) , "What? It took you like two minutes to draw that." "No," he said. "It took me over sixty years to draw this." B_____________20) at a l_____________21) , she stood still r_____________22) to the ground.

어느 날, Cindy는 카페에서 우연히 유명한 화가 옆에 앉게 되었고, 그녀는 직접 그를 만나게 되어 감격했다. 그는 커피를 마시면서 사용하던 냅킨에 그림을 그리고 있었다. 그녀는 경외심을 가지고 지켜보고 있었다. 잠시 후에, 그 남자는 커피를 다 마시고 나서 자리를 뜨면서 그 냅킨을 버리려고 했다. Cindy는 그를 멈춰 세웠다. "당신이 그림을 그렸던 냅킨을 가져도 될까요?"라고 그녀가 물었다. "물론이죠,"라고 그가 대답했다. "2만 달러 입니다." 그녀는 눈을 동그랗게 뜨고 말했다, "뭐라구요? 그리는 데 2분밖에 안 걸렸잖아요." "아니요," 라고 그가 말했다. "나는 이것을 그리는 데 60년 넘게 걸렸어요." 그녀는 어쩔 줄 몰라 꼼짝 못한 채 서 있었다.

20 요지

Sometimes, you feel the need to a_____________ 23) something that will lead to success out of d_____________ 24) . Maybe you are a_____________ 25) extra work because you are tired. You are actively s_____________ 26) out s_____________ 27) because you want to avoid b_____________ 28) u_____________ 29) . Therefore, o_____________ 30) your i_____________ 31) to avoid uncomfortable things at first is e_____________ 32) . Try doing new things o_____________ 33) of your comfort zone. C_____________ 34) is always uncomfortable, but it is key to doing things d_____________ 35) in order to find that magical f_____________ 36) for success.

가끔씩은 당신은 불편하기 때문에 성공으로 이끌어 줄 무언가를 피할 필요가 있다고 느낀다. 아마도 당신은 피곤하기 때문에 추가적인 일을 피하고 있다. 당신은 불편한 것을 피하고 싶어서 적극적으로 성공을 차단하고 있다. 따라서 처음에는 불편한 것을 피하고자 하는 당신의 본능을 극복하는 것이 필요하다. 편안함을 주는 곳을 벗어나서 새로운 일을 시도하라. 변화는 항상 불편하지만, 성공을 위한 마법의 공식을 찾기 위해서 그것(변화)은 일을 색다르게 하는 데 있어 핵심이다.

21 주장

We have a tendency to interpret events s_____________ 37) . If we want things to be "this way" or "that way" we can most certainly select, stack, or arrange evidence in a way that s_____________ 38) such a v_____________ 39) . S_____________ 40) p_____________ 41) is based on what seems to us to s_____________ 42) out. However, what seems to us to be standing out may very well be r_____________ 43) to our goals, interests, expectations, past experiences, or current demands of the situation — "with a hammer in hand, everything looks like a nail." This quote h_____________ 44) the p_____________ 45) of s_____________ 46) p_____________ 47) . If we want to use a hammer, then the world around us may begin to look as though it is full of nails!

우리는 사건을 선택적으로 해석하는 경향이 있다. 만약 우리가 일이 "이렇게" 또는 "그렇게" 되기를 원한다면, 우리는 틀림없이 그러한 관점을 뒷받침하는 방식으로 증거를 선택하거나 쌓거나 배열할 수 있다. 선택적인 지각은 우리에게 두드러져 보이는 것에 기반을 둔다. 그러나 우리에게 두드러져 보이고 있는 것은 우리의 목표, 관심사, 기대, 과거의 경험 또는 상황에 대한 현재의 요구와 매우 관련 있을지도 모른다 — "망치를 손에 들고 있으면, 모든 것은 못처럼 보인다." 이 인용문은 선택적 지각의 현상을 강조한다. 만약 우리가 망치를 사용하기를 원하면, 우리 주변의 세상은 못으로 가득 찬 것처럼 보이기 시작할지도 모른다!

22 의미

Rather than a______________48) to p______________49) students with a low grade or mark in the hope it will e____________

_50) them to give greater effort in the future, teachers can better m______________51) students by considering their work as

i______________52) and then r______________53) additional effort. Teachers at Beachwood Middle School in Beachwood, Ohio,

record students' grades as A, B, C, or I (Incomplete). Students who receive an I grade are r______________54) to do additional

work in order to bring their performance ______________55) to an a____________56) level. This policy is based on the belief

that students p______________57) at a failure level or s______________58) failing work in large part because teachers accept it.

The Beachwood teachers r______________59) that if (어떤 절을 이끄는 접속사? ____________)60) they no longer accept [quality

/ substandard]61) work, students will not submit it. And with appropriate support, they believe students will continue to work

until their performance is s______________62) .

학생이 미래에 더 많은 노력을 기울이게 하고 싶은 바람에서 낮은 등급이나 점수로 학생을 벌주려고 하기보다는, 그들의 과제가 미완성이라고 여기고 추가적인 노력을 요구함으로써 교사는 학생에게 동기 부여를 더 잘할 수 있다. Ohio주 Beachwood의 Beachwood 중학교 교사는 학생의 등급을 A, B, C 또는 I (미완성)로 기록한다. I 등급을 받은 학생은 자신의 과제 수행을 수용 가능한(기준에 맞는) 수준까지 끌어올리기 위해서 추가적인 과제를 하도록 요구받는다. 이런 방침은 학생이 낙제 수준으로 수행하거나 낙제 과제를 제출하는 것이 대체로 교사가 그것을 받아들이기 때문이라는 믿음에 근거한다. Beachwood의 교사는 만약 그들이 더 이상 기준 이하의 과제를 받아들이지 않는다면, 학생이 그것을 제출하지 않을 것이라고 생각한다. 그리고 학생들은 적절한 도움을 받아서 자신의 과제 수행이 만족스러울 때까지 계속 노력할 것이라고 그들은 믿는다.

23 주제

C______________63) makes us much more likely to view a tough problem as an interesting c______________64) to

t______________65) o______________66) . A stressful meeting with our boss becomes an opportunity to learn. A nervous first

date becomes an exciting night out with a new person. A colander becomes a hat. In general, curiosity m______________67) us

to view stressful situations as c______________68) rather than t______________69) , to talk about difficulties more openly, and

to try new a______________70) to solving problems. In fact, curiosity is a______________71) with a less d______________72)

reaction to stress and, as a result, less a______________73) when we respond to i______________74) .

호기심은 우리로 하여금 어려운 문제를 맡아야 할 흥미로운 도전으로 더 여기게 한다. 스트레스를 받는 상사와의 회의는 배울 수 있는 기회가 된다. 긴장이 되는 첫 데이트는 새로운 사람과의 멋진 밤이 된다. 주방용 체는 모자가 된다. 일반적으로, 호기심은 우리로 하여금 스트레스를 받는 상황을 위협보다는 도전으로 여기게 하고, 어려움을 터놓고 말하게 하고, 문제 해결에 있어 새로운 접근을 시도하도록 동기를 부여해 준다. 실제로 호기심은 스트레스에 대한 방어적인 반응이 줄어들고, 그 결과 짜증에 반응할 때 공격성이 줄어드는 것과 관련이 있다.

24 제목

When people think about the d_____________75) of cities, r_____________76) _____________77) they consider the critical role of v_____________78) t_____________79) . In fact, each day, more than 7 billion elevator journeys are taken in tall buildings all over the world. Efficient v_____________80) t_____________81) can expand our ability to **(to부정사의 어떤 용법?** _____________)82) build taller and taller skyscrapers. Antony Wood, a Professor of Architecture at the Illinois Institute of Technology, explains that a_____________83) in elevators over the past 20 years are probably the greatest advances we have seen in tall buildings. For example, elevators in the Jeddah Tower in Jeddah, Saudi Arabia, under construction, will reach a height record of 660m.

사람들은 도시 발전에 대해 생각할 때, 수직 운송 수단의 중요한 역할을 거의 고려하지 않는다. 실제로 매일 70억 회 이상의 엘리베이터 이동이 전 세계 높은 빌딩에서 이루어진다. 효율적인 수직 운송 수단은 점점 더 높은 고층 건물을 만들 수 있는 우리의 능력을 확장시킬 수 있다. Illinois 공과대학의 건축학과 교수인 Antony Wood는 지난 20년 간의 엘리베이터의 발전은 아마도 우리가 높은 건물에서 봐 왔던 가장 큰 발전이라고 설명한다. 예를 들어, 건설 중인 사우디 아라비아 Jeddah의 Jeddah Tower에 있는 엘리베이터는 660미터 라는 기록적인 높이에 이를 것이다.

26 일치

Lithops are plants that are often called 'living stones' on a_____________84) _____________85) their unique rocklike appearance. They are n_____________86) to the deserts of South Africa but commonly sold in garden centers and nurseries. Lithops grow well in c_____________87) , sandy soil with little water and extreme hot temperatures. Lithops are small plants, r_____________88) getting more than an inch above the soil surface and usually with only two leaves. The thick leaves r_____________89) the cleft in an animal's foot or just a pair of grayish brown stones g_____________90) together. The plants have no true stem and much of the plant is u_____________91) . Their appearance has the effect of c_____________92) m_____________93) .

* cleft: 갈라진 틈

Lithops는 독특한 바위 같은 겉모양 때문에 종종 '살아있는 돌'로 불리는 식물이다. 이것은 원산지가 남아프리카 사막이지만, 식물원과 종묘원에서 흔히 팔린다. Lithops는 수분이 거의 없는 빡빡한 모래 토양과 극히 높은 온도에서 잘 자란다. Lithops는 작은 식물로, 토양의 표면 위로 1인치 이상 거의 자라지 않고 보통 단 두개의 잎을 가지고 있다. 두꺼운 잎은 동물 발의 갈라진 틈이나 함께 모여있는 한 쌍의 회갈색 빛을 띠는 돌과 닮았다. 이 식물은 실제 줄기는 없고 식물의 대부분이 땅속에 묻혀있다. 겉모양은 수분을 보존하는 효과를 가지고 있다.

25 제목

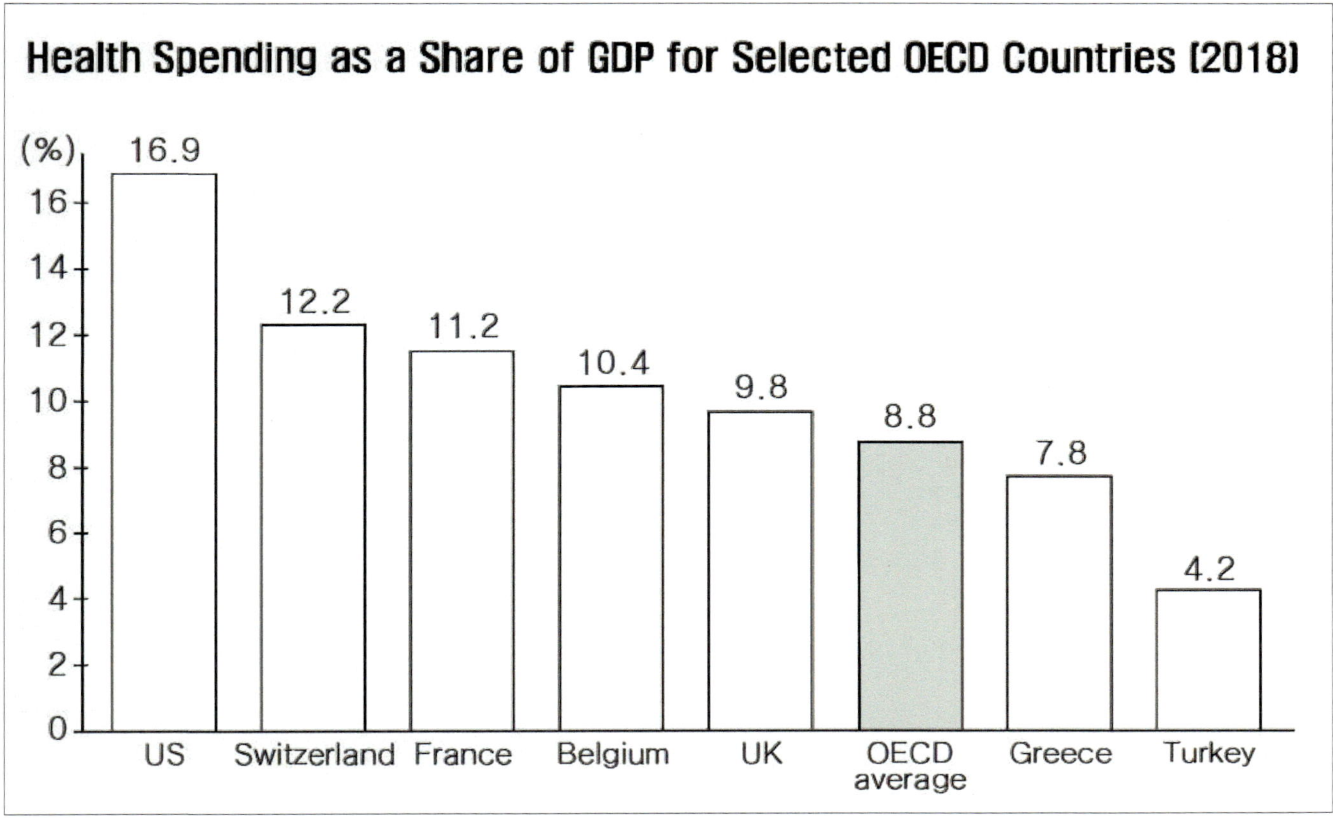

The above graph shows health spending as a s______94) of GDP for s______95) OECD countries in 2018. On average, OECD countries were e______96) to h______97) spent 8.8 percent of their GDP on health care. Among the g______98) countries above, the US had the highest share, with 16.9 percent, f______99) by Switzerland at 12.2 percent. France spent more than 11 percent of its GDP, while Turkey spent less than 5 percent of its GDP on health care. Belgium's health spending as a s______100) of GDP sat between that (어떤 **that?** ______)101) of France and the UK. There was a 2 percentage point difference in the share of GDP spent on health care between the UK and Greece.

위 그래프는 선택된 OECD 국가들의 2018년 건강 관련 지출을 GDP 점유율로 보여준다. ①평균적으로, OECD 국가들은 GDP의 8.8%를 건강 관리에 지출한 것으로 추정되었다. ②위 국가들 중 미국은 GDP의 16.9%로 가장 높은 점유율을 보였고, 이어 스위스는 12.2%를 보였다. ③프랑스는 GDP의 11% 이상을 지출했던 반면, 터키는 GDP의 5% 이하를 건강 관리에 지출했다. ④GDP 점유율로서 벨기에의 건강 관련 지출은 프랑스와 영국 사이였다. ⑤영국과 그리스 사이의 건강 관리에 지출된 GDP의 점유율에는 3 포인트 차이가 있었다.

29 어법

There have been o______________102) in which you have observed a smile and you could s______________103) it was not g______________104) . The most obvious way of i______________105) a genuine smile from an i______________106) one is that a fake smile primarily only a______________107) the lower half of the face, mainly with the mouth alone. The eyes don't really get i______________108) . Take the opportunity to look in the mirror and m______________109) a smile using the lower half your face only. When you do this, judge how happy your face really looks — is it genuine? A genuine smile will i______________110) on the muscles and wrinkles around the eyes and less noticeably, the skin between the eyebrow and upper eyelid is l______________111) slightly with true enjoyment. The genuine smile can impact on the e______________112) face.

당신이 미소를 관찰했는데 그것이 진짜가 아니라고 느낄 수 있는 경우가 있었다. 진짜 미소와 진실하지 못한 미소를 알아보는 가장 명확한 방법은 가짜 미소는 주로 입에만, 얼굴의 절반 아래쪽 부분에만, 주로 영향을 미친다는 것이다. 눈은 실제 관련이 없다. 거울을 볼 기회를 잡아서 당신의 얼굴 아랫부분만을 사용하여 미소를 지어봐라. 당신이 이렇게 할 때, 당신의 얼굴이 실제로 얼마나 행복해 보이는지를 판단해 봐라. 그것은 진짜인가? 진짜 미소는 눈가 근육과 주름에 영향을 주며, 티가 덜 나게 눈썹과 윗눈꺼풀 사이의 피부가 진정한 즐거움으로 살짝 내려오는 것이다. 진짜 미소는 얼굴 전체에 영향을 줄 수 있다.

30 어휘

Detailed study over the past two or three decades is showing that the c______________113) f______________114) of natural systems are e______________115) to their f______________116) . The a______________117) to s______________118) rivers and give them regular cross-sections is perhaps the most d______________119) example of this form-and-function relationship. The natural river has a very i______________120) form: it curves a lot, spills across floodplains, and leaks into wetlands, giving it an ever-changing and incredibly c______________121) shoreline. This allows the river to a______________122) v______________123) in water level and speed. (배열: results / the / disasters / into / river / geometry / destroys / and / capacity / functional / tidy / Pushing / in) ____124) like the Mississippi floods of 1927 and 1993 and, more recently, the unnatural disaster of Hurricane Katrina. A $50 billion plan to "let the river loose" in Louisiana recognizes that the c______________125) Mississippi is washing away twenty-four square miles of that s______________126) annually.

* geometry: 기하학 ** capacity: 수용능력

지난 20년 혹은 30년 동안의 상세한 연구는 자연계의 복잡한 형태가 그것의 기능에 필수적이라는 것을 보여주고 있다. 강을 직선화하고 규칙적인 횡단면으로 만들고자 하는 시도는 아마도 이러한 형태기능 관계의 가장 막심한 피해 사례가 될 수 있다. 자연 발생적인 강은 매우 불규칙한 형태를 가지고 있다. 그것은 많이 굽이치고, 범람원을 가로질러 넘쳐 흐르고, 습지로 스며들어가서 끊임없이 변화하여, 엄청나게 복잡한 강가를 만든다. 이것은 강의 수위와 속도 변화를 막을(→조절할) 수 있게 한다. 강을 질서정연한 기하학적 형태에 맞춰 넣는 것은 기능적 수용 능력을 파괴하고 1927년과 1993년의 Mississippi강의 홍수와, 더 최근에는, 허리케인 Katrina와 같은 비정상적인 재난을 초래한다. Louisiana에서 "강을 자유롭게 흐르도록 두라.(let the river loose.)"라는 500억 달러 계획은 통제된 Mississippi강이 매년 그 주의 24제곱마일을 유실시키고 있다는 것을 인정한 것이다.

31 빈칸

In a culture where there is a belief <u>that</u> (어떤 **that?** ______________)127) you can have anything you truly want, there is no problem in choosing. Many cultures, however, do not maintain this belief. In fact, many people do not believe that life is about getting what you want. Life is about doing what you are s______________128) to do. The r______________129) they have trouble m______________130) c______________131) is they believe that what they may want is not r______________132) to what they are s______________133) to do. The weight of o______________134) c______________135) is greater than their d______________136). When this is an issue in a group, we discuss what makes for good decisions. If a person can be u______________137) from their cares and duties and, just for a moment, consider what appeals to them, they get the chance to s______________138) out what is important to them. Then they can consider and n______________139) with their e______________140) p______________141).

당신이 진정으로 원하는 것은 무엇이든지 가질 수 있다고 믿는 문화에서는 선택은 문제가 안 된다. 그러나 많은 문화들은 이러한 믿음을 유지하지 못한다. 사실, 많은 사람들은 삶이란 당신이 원하는 것을 얻는 것이라고 믿지 않는다. 인생은 당신이 해야 할 것을 하는 것이다. 그들이 선택을 하는 데 있어 어려움을 겪는 이유는 그들이 원하는 것이 그들이 해야 할 일과 관련이 없다고 믿기 때문이다. 외적으로 고려할 문제의 비중이 그들의 욕망보다 더 크다. 이것이 어떤 집단에서 논의 대상이 될 때, 우리는 좋은 결정을 내리려고 의논을 한다. 만약 어떤 사람이 걱정과 의무로부터 벗어나 그들에게 호소하는 것이 무엇인지를 잠시 동안 생각해 본다면, 그들은 자신에게 무엇이 중요한지를 가려낼 기회를 얻게 될 것이다. 그리고 나서 그들은 외적인 부담에 대해 고려하고 협상할 수 있다.

32 빈칸

Research has c______________142) that athletes are less likely to p______________143) in u______________144) behavior than are non-athletes. However, m______________145) reasoning and good sporting behavior seem to d______________146) as athletes p______________147) to higher competitive levels, in part because of the increased e______________148) on winning. Thus winning can be a d______________149) sword in teaching character development. Some athletes may want to win so much that they lie, cheat, and break team rules. They may develop u______________150) character t______________151) that can e______________152) their ability to win in the s______________153) term. However, when athletes r______________154) the t______________155) to win in a d______________156) way, they can develop p______________157) character traits that last a lifetime. Character is a l______________158) behavior, and a sense of fair play develops only if coaches plan to t______________159) those lessons systematically.

운동 선수는 선수가 아닌 사람들보다 받아들여지지 않는 행동을 덜 할 것이라고 연구는 확인했다. 그러나 부분적으로 승리에 대한 강조가 커지기 때문에 운동 선수가 더 높은 경쟁적 수준까지 올라감에 따라서 도덕적 분별력과 바람직한 스포츠 행위가 감소하는 것 같다. 그래서 승리라는 것은 인성 함양을 가르치는 데 있어서 양날의 검이 될 수 있다. 어떤 선수는 너무나 이기려고 하다 보니 그 결과 거짓말하고 속이고 팀 규칙을 위반한다. 그들은 단시간에 이기고자 자신의 능력을 강화할 수 있는 바람직하지 못한 인격 특성을 계발할지 모른다. 그러나 선수가 부정한 방법으로 이기고자 하는 유혹에 저항할 때 그들은 일생동안 지속되는 긍정적인 인격 특성을 계발할 수 있다. 인성이라는 것은 학습되는 행동이며 그러한 교훈을 체계적으로 가르치고자 계획할 때만 페어 플레이 정신은 발달한다.

33 빈칸

Due to t_____________160) i_____________161) , music can now be experienced by more people, for more of the time than ever before. M_____________162) a_____________163) has given individuals unheard-of c_____________164) over their own sound-environment. However, it has also c_____________165) them with the s_____________166) a_____________167) of countless genres of music, in which they have to orient themselves. People start f_____________168) out and o_____________169) their digital libraries like they <u>used to</u> (해석? _____________)170) do with their physical music collections. However, there is the difference that the choice l_____________171) in their own hands. Without being r_____________172) to the l_____________173) collection of music-distributors, nor being g_____________174) by the local radio program as a 'preselector' of the latest hits, the individual actively has to choose and determine his or her musical p_____________175). The search for the right song is thus associated with c_____________176) effort.   * simultaneous: 동시의

기술 혁신으로 인해, 음악은 이제 이전보다 더 많은 시간 동안 더 많은 사람에 의해 경험될 수 있다. 대중 이용 가능성은 개인들에게 그들 자신의 음향 환경에 대한 들어본 적이 없는 통제권을 주었다. 하지만 그들은 무수한 장르의 음악을 동시에 이용할 수 있는 상황에 맞닥뜨리게 되었고 그들은 그 상황에 적응해야만 한다. 사람들은 이전에 물리적 형태를 지닌 음악을 수집했던 것처럼 자신들의 디지털 라이브러리를 필터링하고 조합하기 시작한다. 하지만 선택권은 자신이 가진다는 차이가 있다. 음악 배급자의 제한된 컬렉션에 국한되지 않고, 또한 최신 히트곡의 '사전 선택자'로서 지역 라디오 프로그램의 안내를 받지 않고, 개인은 적극적으로 자신이 선호하는 음악을 선택하고 결정해야 한다. 따라서 적절한 노래를 찾는 것은 상당한 노력과 관련이 있다.

34 빈칸

It is common to assume that c_____________177) c_____________178) primarily the r_____________179) between actor(creator) and artifact(creation). However, from a sociocultural standpoint, the creative act is never "complete" in the a_____________180) of a second position — <u>that</u> (무엇을 가리키는가? _____________)181) of an audience. While the actor or creator him/herself is the first audience of the artifact being produced, this kind of d_____________182) can only be achieved by i_____________183) the p_____________184) of others on one's work. This means that, in order to be an audience to your own creation, a history of i_____________185) with o_____________186) is needed. We exist in a social world that constantly c_____________187) us with the "view of the other." <u>It</u> (무엇을 가리키는가? _____________)188) is the view we include and blend into our own activity, including creative activity. This o_____________189) p_____________190) is essential for creativity because it gives new meaning and v_____________191) to the creative act and its product.   * artifact: 창작물

창조성은 주로 행위자(창작자)와 창작물(창작) 사이의 관계와 관련이 있다고 가정하는 것이 일반적이다. 그러나 사회 문화적 관점에서 볼 때, 창작 행위는 관객의 부재 다시 말해 제2의 입장이 부재한 상황에서는 결코 "완전"하지 않다. 행위자나 창작자 자신은 만들어지고 있는 창작물의 첫 번째 관객이지만, 이런 거리두기는 다른 사람의 관점을 자신의 작품 속에 내면화하는 것으로서만 이루어진다. 이것은 자신의 창작 활동에 관객이 되기 위해서는 다른 사람들과 상호 작용하는 역사가 필요하다는 것을 의미한다. 우리는 "상대방의 관점"을 끊임없이 마주하는 사회에 살고 있으며, 그것은 창조적인 행위를 포함해서 우리가 우리 자신의 활동에 통합시키게 되는 관점이다. 이러한 외부 관점은 창작 행위와 그 결과물에 새로운 의미와 가치를 부여하기 때문에 창조성에는 필수적이다.

35 무관

Health and the s_____________192) of disease are very closely linked to how we live and how our cities o_____________193).
The good news is that cities are incredibly r_____________194). Many cities have experienced e_____________195) in the past
and have not only survived, but a_____________196). The nineteenth and early-twentieth centuries saw d_____________197)
o_____________198) of cholera, typhoid, and influenza in European cities. Doctors such as Jon Snow, from England, and Rudolf
Virchow, of Germany, saw the connection between poor living conditions, overcrowding, s_____________199), and disease. A
recognition of this connection led to the r_____________200) and r_____________201) of cities to stop the spread of epidemics.
In the mid-nineteenth century, London's p_____________202) s_____________203) system, which still s_____________204) it
today, was built as a result of understanding the importance of c_____________205) water in stopping the spread of cholera.

* resilient: 회복력이 있는 ** sewer system: 하수 처리 시스템

건강과 질병의 확산은 우리가 어떻게 살고 우리의 도시가 어떻게 작동하느냐와 매우 밀접하게 연관되어 있다. 좋은 소식은 도시가 믿을 수 없을 정도로 회복력이 있다는 것이다. 많은 도시는 과거에 전염병을 경험했고 살아남았을 뿐만 아니라, 발전했다. 19세기와 20세기 초 유럽의 도시들은 콜레라, 장티 푸스, 독감의 파괴적인 창궐을 목격했다. 영국 출신의 Jon Snow와 독일의 Rudolf Virchow와 같은 의사들은 열악한 주거 환경, 인구 과밀, 위생과 질병의 연관성을 알게 되었다. 이 연관성에 대한 인식은 전염병의 확산을 막기 위한 도시 재 계획과 재건축으로 이어졌다. (재건 노력에도 불구하고 도시는 많은 지역에서 쇠퇴하였고 많은 사람이 떠나기 시작했다.) 19세기 중반에, 오늘날까지도 사용되고 있는 런던의 선구적인 하수 처리 시스템은 깨끗한 물이 콜레라의 확산을 막을 수 있다는 이해의 결과로 만들어졌다.

36 순서

Starting from birth, babies are immediately a_____________206) to faces. Scientists were able to show this by having babies
l_____________207) at two simple images, one that looks more like a face than the other. By measuring where the babies
looked, scientists found that the babies looked at the face-like image more than they looked at the non-face image. Even though
babies have poor eyesight, they p_____________208) _____________209) look at faces. But why? One reason **(생략된 것?**
_____________)210) babies might like faces is because of something called e_____________211). Evolution involves
c_____________212) to the s_____________213) of an o_____________214) (such as the brain) that occur over many
generations. These changes help the organisms to s_____________215), making them a_____________216) to enemies. By
being able to recognize faces from afar or in the dark, humans were able to know someone was coming and p_____________
_217) themselves from possible danger.

태어나면서부터, 아기는 즉각적으로 사람 얼굴에 끌린다. 과학자들은 아기에게 간단한 두 개의 이미지 — 하나는 다른 것에 비해 더 사람 얼굴처럼 보이는 이미지 — 를 보여줌으로써 이것을 보여줄 수 있었다. 과학자들은 아기가 바라보는 곳을 유심히 살펴보면서, 아기가 얼굴처럼 보이지 않는 이미지보다는 얼굴처럼 보이는 이미지를 더 바라본다는 것을 발견하게 되었다. 아기는 시력이 좋지 않음에도 불구하고 얼굴을 보는 것을 더 좋아한다. 왜 그럴까? 아기가 얼굴을 좋아하는 것 같은 하나의 이유는 진화라고 불리는 것 때문이다. 진화는 여러 세대를 거쳐 발생하는 유기체 구조(뇌와 같은 것)의 변화를 수반한다. 이런 변화들은 적들을 경계하게 해서 유기체가 생존하도록 도와준다. 멀리서 또는 어둠 속에서 얼굴을 알아볼 수 있음으로써, 인간은 누군가가 다가오는지 알 수 있었고 있을 법한 위험으로부터 자신을 보호할 수 있었다.

37 순서

People spend much of their time i_____________218) with media, but that does not mean that people have the critical skills to a_____________219) and understand it. One well-known study from Stanford University in 2016 d_____________220) that youth are easily f_____________221) by misinformation, especially when it comes through social media channels. This w_____________222) is not found only in youth, however. Research from New York University found that people over 65 shared seven times as much m_____________223) as their younger c_____________224) . All of this raises a question: What's the solution to the m_____________225) problem? G_____________226) and tech p_____________227) certainly have a role to play in b_____________228) misinformation. However, every individual needs to take responsibility for c_____________229) this t_____________230) by becoming more information l_____________231) .

* counterpart: 상대방

사람들은 미디어와 상호작용하는 데 많은 시간을 소비하지만, 그렇다고 해서 사람들이 미디어를 분석하고 이해하는 데 중요한 기술을 가지고 있는 것은 아니다. 2016년 Stanford 대학의 한 잘 알려진 연구는 특히 소셜 미디어 채널을 통해 젊은이들이 잘못된 정보에 쉽게 속는다는 것을 보여주었다. 그러나 이러한 약점은 젊은이에게서만 발견되는 것은 아니다. New York대학의 조사에 따르면 65세 이상의 사람들이 젊은이들 보다 7배나 더 많은 잘못된 정보를 공유한다고 한다. 이 모든 것이 의문을 제기한다: 잘못된 정보 문제에 대한 해결책은 무엇인가? 정부와 기술 플랫폼은 분명 잘못된 정보를 막아내는 데 있어 해야 할 역할을 가지고 있다. 그러나 모든 개인은 정보를 더 잘 분별함으로써 이러한 위협에 맞서 싸울 책임을 지닐 필요가 있다.

38 삽입

Sound and light travel in waves. An a_____________232) often given for sound is that (무엇을 가리키는가? _____________)233) of throwing a small stone onto the surface of a s_____________234) pond. Waves r_____________235) o_____________236) from the point of i_____________237) , just as sound waves radiate from the sound source. This is due to a d_____________238) in the air around us. If you bang two sticks together, you will get a sound. As the sticks a_____________239) each other, the air immediately in front of them is c_____________240) and energy builds up. When the point of impact occurs, this energy is r_____________241) as sound waves. If you try the same experiment with two heavy stones, exactly the same thing occurs, but you get a different sound due to the d_____________242) and surface of the stones, and as they have likely d_____________243) more air, a louder sound. And so, a physical d_____________244) in the a_____________245) around us will produce a sound.

* analogy: 비유 ** radiate: 사방으로 퍼지다

소리와 빛은 파장으로 이동한다. 소리 현상에 대해 자주 언급되는 비유는 작은 돌멩이를 고요한 연못 표면에 던지는 것이다. 음파가 음원으로부터 사방으로 퍼지는 것처럼 파장이 충격 지점으로부터 바깥으로 퍼져나간다. 이것은 우리 주변의 공기 중의 교란 작용 때문이다. 만약에 당신이 막대기 두 개를 함께 꽝 친다면, 소리를 듣게 될 것이다. 막대기들이 서로 가까워질 때, 그것들 바로 앞에 있는 공기가 압축되고 에너지는 축적된다. 충돌점이 발생하면 이 에너지는 음파로 퍼져나간다. 두 개의 무거운 돌을 가지고 같은 실험을 해보면 똑같은 일이 일어나지만, 돌의 밀도와 표면 때문에 당신은 다른 소리를 듣게 되고, 그 돌이 아마 더 많은 공기를 바꿔 놓았기 때문에 당신은 더 큰 소리를 듣게 된다. 따라서 우리 주변의 대기 중에서 일어나는 물리적 교란 작용이 소리를 만든다.

39 삽입

Food chain means the t_____________246) of food energy from the source in plants through a series of o_____________247) with the r_____________248) p_____________249) of eating and being eaten. In a grassland, grass is eaten by rabbits while rabbits in turn are eaten by foxes. This is an example of a simple food chain. This food chain implies the s_____________250) in which food energy is t_____________251) from producer to consumer or higher trophic level. It has been o_____________252) that at each level of t_____________253), a large proportion, 80 –90 percent, of the potential energy is l_____________254) as heat. H_____________255) the number of steps or links in a sequence is r_____________256) , usually to four or five. The s_____________257) the food chain or the n_____________258) the organism is to the beginning of the chain, the greater the available energy i_____________259) is.

* trophic: 영양의

먹이 사슬은 식물 안에 있는 에너지원으로부터 먹고 먹히는 반복되는 과정 속에서 일련의 유기체를 통해 일련의 식품 에너지가 이동하는 것을 의미한다. 초원에서 풀은 토끼에게 먹히지만 이번에는 토끼는 여우에게 먹힌다. 이것은 단순한 먹이사슬의 예이다. 이 먹이 사슬은 식품 에너지가 생산자로부터 소비자 또는 더 높은 영양 수준으로 전달되는 연쇄를 의미한다. 각 이동 단계에서 잠재적 에너지의 상당한 부분인 80-90%가 열로 손실되는 것으로 관찰되어 왔다. 그래서 하나의 연쇄(사슬) 안에 있는 단계나 연결의 수는 보통 4 ~5개로 제한된다. 먹이 사슬이 짧을수록 또는 유기체가 하위 영양 단계에 가까울수록 이용 가능한 에너지 섭취량이 더 커진다.

40 요약

A woman named Rhonda who a_____________260) the University of California at Berkeley had a problem. She was living near campus with several other people — none of whom knew one another. When the cleaning people came each weekend, they left several rolls of toilet paper in each of the two bathrooms. H_____________261) , by Monday all the toilet paper would be gone. It was a classic tragedy-of-the-c_____________262) situation: because some people took more toilet paper than their fair s_____________263) , the public resource was d_____________264) for everyone else. After reading a research paper about behavior change, Rhonda put a note in one of the bathrooms asking people not to r_____________265) the toilet paper, as it was a s_____________266) item. To her great s_____________267) , one roll r_____________268) in a few hours, and another the next day. In the other note-free bathroom, however, there was no toilet paper until the following weekend, when the cleaning people returned.

Berkeley에 있는 California대학에 다니는 Rhonda라는 여자는 한 가지 문제 상황이 있었다. 그녀는 여러 사람들과 함께 캠퍼스 근처에 살고 있었는데 그들 중 누구도 서로를 알지는 못했다. 청소부가 주말 마다 왔을 때 화장실 두 칸 각각 몇 개의 두루마리 화장지를 두고 갔다. 그러나 월요일 즈음 모든 화장지가 없어지곤 했다. 그것은 전형적인 공유지의 비극 상황이었다. 일부 사람들이 자신들이 사용할 수 있는 몫보다 더 많은 휴지를 가져갔기 때문에 그 외 모두를 위한 공공재가 파괴됐다. 행동변화에 대한 한 연구논문을 읽고 나서, Rhonda는 화장실 화장지는 공유재이므로 사람들에게 가져가지 말라는 쪽지를 화장실 한 곳에 두었다. 아주 만족스럽게도, 몇 시간 후에 화장지 한 개가 다시 나타났고 그 다음 날에는 또 하나가 다시 나타났다. 하지만 쪽지가 없는 화장실에서는 청소부가 돌아오는 그 다음 주말까지 화장지가 없었다.

41~42 제목, 어휘

If you were afraid of standing on balconies, you would start on some l_______________269) floors and slowly work your way up to higher ones. It would be easy to face a f_______________270) of standing on high balconies in a way that's totally c_______________271). S_______________272) is trickier. People aren't like i_______________273) features of a building that you just have to be around to get used to. You have to i_______________274) with them, and their responses can be u_______________275). Your feelings toward them are more complex too. Most people's s_______________276) isn't going to be a_______________277) that much if they don't like balconies, but your confidence can s_______________278) if you can't s_______________279) effectively.

 It's also harder to design a t_______________280) way to gradually f_______________281) many social fears. The social situations you need to e_______________282) yourself to may not be available when you want them, or they may not go well enough for you to sense that things are under control. The p_______________283) from one step to the next may not be clear, creating u_______________284) large increases in difficulty from one to the next. People around you aren't robots that you can endlessly e_______________285) with for your own p_______________286). This is not to say that facing your f_______________287) is p_______________288) when socializing. The principles of g_______________289) e_______________290) are still very useful. The process of applying them is just messier, and knowing that before you start is helpful.

발코니에 서 있는 것을 두려워 한다면, 당신은 더 낮은 층에서 시작해서 천천히 더 높은 층으로 올라갈 것이다. 완전히 통제된 방식으로 높은 발코니에 서 있는 두려움을 직면하기는 쉬울 것이다. 사람을 사귄다는 것은 더 까다롭다. 사람은 주변에 있어서 익숙해지는 건물과 같은 무생물이 아니다. 당신은 그들과 상호 작용을 해야 하며 그들의 반응을 예측하기가 힘들 수 있다. 그들에 대한 당신의 느낌도 역시 더 복잡하다. 대부분의 사람들의 자존감은 그들이 발코니를 좋아하지 않는다고 해도 그렇게 많이 영향을 받지 않을 것이지만, 당신이 효과적으로 사람들을 사귈 수 없다면 당신의 자신감은 상처받을 수 있다.
 사교적 두려움을 점차적으로 마주하게 할 깔끔한 방법을 설계하는 것 또한 더 어렵다. 당신을 드러낼 필요가 있는 사교적 상황이 당신이 원할 때 형성되지 않을 수 있고, 또는 그것들은 상황이 통제가능하다고 감지할 만큼 잘 진행되지 않을지도 모른다. 한 단계에서 다음 단계로의 진행은 분명하지 않을 수 있으며, 한 단계에서 다음 단계로 진행할 때 피할 수 없이 큰 어려움이 줄어들게(→늘어나게) 된다. 우리 주변의 사람들은 당신 자신의 목적을 위해서 끊임없이 실험해 볼 수 있는 로봇이 아니다. 이것은 사람을 사귈 때 당신의 두려움을 직면하는 것은 의미가 없다고 말하는 것은 아니다. 점진적인 노출의 원칙은 여전히 매우 유용하다. 그것들을 적용하는 과정은 더 복잡하지만, 시작하기 전에 그것을 아는 것은 도움이 된다.

43~45 순서, 지칭, 세부 내용

When I was 17, I discovered a wonderful thing. My father and I were sitting on the floor of his study. We were o____________ _291) his old papers. Across the carpet I saw a fat paper clip. Its rust dusted the cover sheet of a report of some kind. I picked it up. I started to read. Then I started to cry. It was a speech he had written in 1920, in Tennessee. Then only 17 himself and graduating from high school, he had called for e____________292) for African Americans. (b) I marvelled, proud of him, and wondered how, in 1920, so young, so white, and in the deep South, where the law still s____________293) black from white, he had had the c____________294) to deliver it. I asked him about it. "Daddy," I said, handing him the pages, "this speech — how did you ever get p____________295) to give it? And weren't you scared?" "Well, honey," he said, "I didn't ask for p____________296) . I just asked myself, 'What is the most important c____________297) facing my generation?' I knew immediately. Then (a) I asked myself, 'And if I weren't afraid, what would I say about it in this speech?'" "I wrote it. And I delivered it. About half way through I looked out to see the entire audience of teachers, students, and parents s____________ _298) up — and w____________299) out. L____________300) alone on the stage, I thought to myself, 'Well, I guess I need to be sure to do only two things with my life: keep thinking for myself, and not get killed.'" He handed the speech back to me, and smiled. "You seem to have done both," I said.

17살 때 나는 놀라운 물건을 발견했다. 아버지와 나는 서재 바닥에 앉아 있었다. 우리는 그의 오래된 서류들을 정리하고 있었다. 나는 카펫 너머에 있는 두꺼운 종이 클립을 보았다. 그것의 녹이 어떤 종류의 보고서의 표지 겉장 부분을 더럽혔다. 나는 그것을 집어 들었다. 나는 읽기 시작했다. 그리고 나서 나는 울기 시작했다. 그것은 1920년 Tennessee주에서 아버지가 썼던 연설문이었다. 아버지는 그 당시 단지 17살에 고등학교를 졸업했을 뿐인데 아프리카계 미국인들을 위한 평등을 요구하였다. 아버지를 자랑스럽게 여기면서 나는 놀라워했고, 1920년에 법으로 백인과 흑인을 여전히 분리시키고 있었던 최남부 지역에서 그렇게 어리고 백인이었던 그가 어떻게 그 연설을 할 용기를 가지고 있었는지 궁금했다. 나는 그에게 그것에 관해 물어봤다. 그에게 서류를 건네 드리며 "아빠, 이 연설, 어떻게 이것을 하도록 허락을 받으셨나요? 두렵지 않으셨나요?"라고 말했다. "얘야" 그가 말했다. "난 허락을 구하지 않았단다. 단지 '우리 세대가 직면하고 있는 가장 중요한 도전 과제는 무엇인가?'라고 나 자신에게 물어보았지. 난 즉시 알았어. 그 뒤 '내가 두려워하지 않는다면, 이 연설에서 이것에 대해 무엇을 말할까?'라고 나는 스스로에게 물었지." "난 글을 썼어. 그리고 연설을 했지. 대략 반쯤 연설을 했을 때 교사, 학생, 학부모로 이루어진 전체 청중이 일어나더니 나가 버리는 것을 바라보았어. 무대에 홀로 남겨진 채 '그래, 내 인생에서 두 가지만 확실히 해내면 될 것 같아. 계속 스스로 생각하는 것과 죽임을 당하지 않는 것.'이라고 나는 마음속으로 생각했어." 아버지는 연설문을 나에게 돌려주며 미소 지으셨다. "당신은 그 두 가지 모두를 해내신 것처럼 보이네요"라고 나는 말했다.

2021 고1 6월 모의고사 　　❷ 회차 ：　　　점 / 300점

18 목적

Dear Mr. Jones,

I am James Arkady, PR Director of KHJ Corporation. We are planning to r＿＿＿＿＿＿＿1) our brand i＿＿＿＿＿＿＿2) and launch a new logo to c＿＿＿＿＿＿＿3) our 10th anniversary. We request you to create a logo that best s＿＿＿＿＿＿＿4) our company's c＿＿＿＿＿＿＿5) vision, 'To i＿＿＿＿＿＿＿6) h＿＿＿＿＿＿＿7) .' I hope the new logo will c＿＿＿＿＿＿＿8) our brand message and c＿＿＿＿＿＿＿9) the values of KHJ. Please send us your logo design p＿＿＿＿＿＿＿10) once you are done with it (무엇을 가리키는가? ＿＿＿＿＿＿＿)11). Thank you.

Best regards, James Arkady

19 심경

One day, Cindy happened to sit next to a famous artist in a café, and she was t＿＿＿＿＿＿＿12) to see him in person. He was d＿＿＿＿＿＿＿13) on a used napkin over coffee. She was looking on in a＿＿＿＿＿＿＿14) . After a few moments, the man finished his coffee and (어떤 병렬? ＿＿＿＿＿＿＿)15) was about to throw away the napkin as he l＿＿＿＿＿＿＿16) . Cindy stopped him. "Can I have that napkin you drew ＿＿＿＿＿＿＿17) ?", she asked. "Sure," he replied. "Twenty thousand dollars." She said, w＿＿＿＿＿＿＿18) her eyes w＿＿＿＿＿＿＿19) , "What? It took you like two minutes to draw that." "No," he said. "It took me over sixty years to draw this." B＿＿＿＿＿＿＿20) at a l＿＿＿＿＿＿＿21) , she stood still r＿＿＿＿＿＿＿22) to the ground.

20 요지

Sometimes, you feel the need to a＿＿＿＿＿＿＿23) something that will lead to success out of d＿＿＿＿＿＿＿24) . Maybe you are a＿＿＿＿＿＿＿25) extra work because you are tired. You are actively s＿＿＿＿＿＿＿26) out s＿＿＿＿＿＿＿27) because you want to avoid b＿＿＿＿＿＿＿28) u＿＿＿＿＿＿＿29) . Therefore, o＿＿＿＿＿＿＿30) your i＿＿＿＿＿＿＿31) to avoid uncomfortable things at first is e＿＿＿＿＿＿＿32) . Try doing new things o＿＿＿＿＿＿＿33) of your comfort zone. C＿＿＿＿＿＿＿34) is always uncomfortable, but it is key to doing things d＿＿＿＿＿＿＿35) in order to find that magical f＿＿＿＿＿＿＿36) for success.

21 주장

We have a tendency to interpret events s______________37) . If we want things to be "this way" or "that way" we can most certainly select, stack, or arrange evidence in a way that s______________38) such a v______________39) . S______________40) p______________41) is based on what seems to us to s______________42) out. However, what seems to us to be standing out may very well be r______________43) to our goals, interests, expectations, past experiences, or current demands of the situation — "with a hammer in hand, everything looks like a nail." This quote h______________44) the p______________45) of s______________46) p______________47) . If we want to use a hammer, then the world around us may begin to look as though it is full of nails!

22 의미

Rather than a______________48) to p______________49) students with a low grade or mark in the hope it will e______________50) them to give greater effort in the future, teachers can better m______________51) students by considering their work as i______________52) and then r______________53) additional effort. Teachers at Beachwood Middle School in Beachwood, Ohio, record students' grades as A, B, C, or I (Incomplete). Students who receive an I grade are r______________54) to do additional work in order to bring their performance ______________55) to an a______________56) level. This policy is based on the belief that students p______________57) at a failure level or s______________58) failing work in large part because teachers accept it. The Beachwood teachers r______________59) that if (어떤 절을 이끄는 접속사? ______________)60) they no longer accept [quality / substandard]61) work, students will not submit it. And with appropriate support, they believe students will continue to work until their performance is s______________62) .

23 주제

C______________63) makes us much more likely to view a tough problem as an interesting c______________64) to t______________65) o______________66) . A stressful meeting with our boss becomes an opportunity to learn. A nervous first date becomes an exciting night out with a new person. A colander becomes a hat. In general, curiosity m______________67) us to view stressful situations as c______________68) rather than t______________69) , to talk about difficulties more openly, and to try new a______________70) to solving problems. In fact, curiosity is a______________71) with a less d______________72) reaction to stress and, as a result, less a______________73) when we respond to i______________74) .

24 제목

When people think about the d_____________ 75) of cities, r_____________ 76) _____________ 77) they consider the critical role of v_____________ 78) t_____________ 79). In fact, each day, more than 7 billion elevator journeys are taken in tall buildings all over the world. Efficient v_____________ 80) t_____________ 81) can expand our ability <u>to</u> **(to부정사의 어떤 용법?** _____________)82) build taller and taller skyscrapers. Antony Wood, a Professor of Architecture at the Illinois Institute of Technology, explains that a_____________ 83) in elevators over the past 20 years are probably the greatest advances we have seen in tall buildings. For example, elevators in the Jeddah Tower in Jeddah, Saudi Arabia, under construction, will reach a height record of 660m.

26 일치

Lithops are plants that are often called 'living stones' on a_____________ 84) _____________ 85) their unique rocklike appearance. They are n_____________ 86) to the deserts of South Africa but commonly sold in garden centers and nurseries. Lithops grow well in c_____________ 87), sandy soil with little water and extreme hot temperatures. Lithops are small plants, r_____________ 88) getting more than an inch above the soil surface and usually with only two leaves. The thick leaves r_____________ 89) the cleft in an animal's foot or just a pair of grayish brown stones g_____________ 90) together. The plants have no true stem and much of the plant is u_____________ 91). Their appearance has the effect of c_____________ 92) m_____________ 93).

* cleft: 갈라진 틈

25 도표

The above graph shows health spending as a s_____________ 94) of GDP for s_____________ 95) OECD countries in 2018. On average, OECD countries were e_____________ 96) to h_____________ 97) spent 8.8 percent of their GDP on health care. Among the g_____________ 98) countries above, the US had the highest share, with 16.9 percent, f_____________ 99) by Switzerland at 12.2 percent. France spent more than 11 percent of its GDP, while Turkey spent less than 5 percent of its GDP on health care. Belgium's health spending as a s_____________ 100) of GDP sat between <u>that</u> **(어떤 that?** _____________)101) of France and the UK. There was a 2 percentage point difference in the share of GDP spent on health care between the UK and Greece.

29 어법

There have been o_______________102) in which you have observed a smile and you could s_______________103) it was not g_______________104) . The most obvious way of i_______________105) a genuine smile from an i_______________106) one is that a fake smile primarily only a_______________107) the lower half of the face, mainly with the mouth alone. The eyes don't really get i_______________108) . Take the opportunity to look in the mirror and m_______________109) a smile using the lower half your face only. When you do this, judge how happy your face really looks — is it genuine? A genuine smile will i_______________110) on the muscles and wrinkles around the eyes and less noticeably, the skin between the eyebrow and upper eyelid is l_______________111) slightly with true enjoyment. The genuine smile can impact on the e_______________112) face.

30 어휘

Detailed study over the past two or three decades is showing that the c_______________113) f_______________114) of natural systems are e_______________115) to their f_______________116) . The a_______________117) to s_______________118) rivers and give them regular cross-sections is perhaps the most d_______________119) example of this form-and-function relationship. The natural river has a very i_______________120) form: it curves a lot, spills across floodplains, and leaks into wetlands, giving it an ever-changing and incredibly c_______________121) shoreline. This allows the river to a_______________122) v_______________123) in water level and speed. (배열: results / the / disasters / into / river / geometry / destroys / and / capacity / functional / tidy / Pushing / in) ____124) like the Mississippi floods of 1927 and 1993 and, more recently, the unnatural disaster of Hurricane Katrina. A $50 billion plan to "let the river loose" in Louisiana recognizes that the c_______________125) Mississippi is washing away twenty-four square miles of that s_______________126) annually.

* geometry: 기하학 ** capacity: 수용능력

31 빈칸

In a culture where there is a belief that (어떤 **that**? _______________)127) you can have anything you truly want, there is no problem in choosing. Many cultures, however, do not maintain this belief. In fact, many people do not believe that life is about getting what you want. Life is about doing what you are s_______________128) to do. The r_______________129) they have trouble m_______________130) c_______________131) is they believe that what they may want is not r_______________132) to what they are s_______________133) to do. The weight of o_______________134) c_______________135) is greater than their d_______________136) . When this is an issue in a group, we discuss what makes for good decisions. If a person can be u_______________137) from their cares and duties and, just for a moment, consider what appeals to them, they get the chance to s_______________138) out what is important to them. Then they can consider and n_______________139) with their e_______________140) p_______________141) .

32 빈칸

Research has c______________142) that athletes are less likely to p______________143) in u______________144) behavior than are non-athletes. However, m______________145) reasoning and good sporting behavior seem to d______________146) as athletes p______________147) to higher competitive levels, in part because of the increased e______________148) on winning. Thus winning can be a d______________149) sword in teaching character development. Some athletes may want to win so much that they lie, cheat, and break team rules. They may develop u______________150) character t______________151) that can e______________152) their ability to win in the s______________153) term. However, when athletes r______________154) the t______________155) to win in a d______________156) way, they can develop p______________157) character traits that last a lifetime. Character is a l______________158) behavior, and a sense of fair play develops only if coaches plan to t______________159) those lessons systematically.

33 빈칸

Due to t______________160) i______________161) , music can now be experienced by more people, for more of the time than ever before. M______________162) a______________163) has given individuals unheard – of c______________164) over their own sound – environment . However, it has also c______________165) them with the s______________166) a______________167) of countless genres of music, in which they have to orient themselves. People start f______________168) out and o______________169) their digital libraries like they <u>used to</u> (해석? ______________)170) do with their physical music collections. However, there is the difference that the choice l______________171) in their own hands. Without being r______________172) to the l______________173) collection of music-distributors, nor being g______________174) by the local radio program as a 'preselector' of the latest hits, the individual actively has to choose and determine his or her musical p______________175) . The search for the right song is thus associated with c______________176) effort.　　　　* simultaneous: 동시의

34 빈칸

It is common to assume that c______________177) c______________178) primarily the r______________179) between actor(creator) and artifact(creation). However, from a sociocultural standpoint, the creative act is never "complete" in the a______________180) of a second position — <u>that</u> (무엇을 가리키는가? ______________)181) of an audience. While the actor or creator him/herself is the first audience of the artifact being produced, this kind of d______________182) can only be achieved by i______________183) the p______________184) of others on one's work. This means that, in order to be an audience to your own creation, a history of i_______________185) with o_______________186) is needed. We exist in a social world that constantly c_______________187) us with the "view of the other." It (무엇을 가리키는가? _______________)188) is the view we include and blend into our own activity, including creative activity. This o_______________189) p_______________190) is essential for creativity because it gives new meaning and v_______________191) to the creative act and its product.   * artifact: 창작물

35 무관

Health and the s_______________192) of disease are very closely linked to how we live and how our cities o_______________193) . The good news is that cities are incredibly r_______________194) . Many cities have experienced e_______________195) in the past and have not only survived, but a_______________196) . The nineteenth and early-twentieth centuries saw d_______________197) o_______________198) of cholera, typhoid, and influenza in European cities. Doctors such as Jon Snow, from England, and Rudolf Virchow, of Germany, saw the connection between poor living conditions, overcrowding, s_______________199) , and disease. A recognition of this connection led to the r_______________200) and r_______________201) of cities to stop the spread of epidemics. In the mid-nineteenth century, London's p_______________202) s_______________203) system, which still s_______________204) it today, was built as a result of understanding the importance of c_______________205) water in stopping the spread of cholera.

* resilient: 회복력이 있는 ** sewer system: 하수 처리 시스템

36 순서

Starting from birth, babies are immediately a_______________206) to faces. Scientists were able to show this by having babies l_______________207) at two simple images, one that looks more like a face than the other. By measuring where the babies looked, scientists found that the babies looked at the face-like image more than they looked at the non-face image. Even though babies have poor eyesight, they p_______________208) _______________209) look at faces. But why? One reason (생략된 것? _______________)210) babies might like faces is because of something called e_______________211) . Evolution involves c_______________212) to the s_______________213) of an o_______________214) (such as the brain) that occur over many generations. These changes help the organisms to s_______________215) , making them a_______________216) to enemies. By being able to recognize faces from afar or in the dark, humans were able to know someone was coming and p_______________ _217) themselves from possible danger.

37 순서

People spend much of their time i_____________218) with media, but that does not mean that people have the critical skills to a_____________219) and understand it. One well-known study from Stanford University in 2016 d_____________220) that youth are easily f_____________221) by misinformation, especially when it comes through social media channels. This w_____________222) is not found only in youth, however. Research from New York University found that people over 65 shared seven times as much m_____________223) as their younger c_____________224) . All of this raises a question: What's the solution to the m_____________225) problem? G_____________226) and tech p_____________227) certainly have a role to play in b_____________228) misinformation. However, every individual needs to take responsibility for c_____________229) this t_____________230) by becoming more information l_____________231) .

* counterpart: 상대방

38 삽입

Sound and light travel in waves. An a_____________232) often given for sound is <u>that</u> (무엇을 가리키는가? _____________)233) of throwing a small stone onto the surface of a s_____________234) pond. Waves r_____________235) o_____________236) from the point of i_____________237) , just as sound waves radiate from the sound source. This is due to a d_____________238) in the air around us. If you bang two sticks together, you will get a sound. As the sticks a_____________239) each other, the air immediately in front of them is c_____________240) and energy builds up. When the point of impact occurs, this energy is r_____________241) as sound waves. If you try the same experiment with two heavy stones, exactly the same thing occurs, but you get a different sound due to the d_____________242) and surface of the stones, and as they have likely d_____________243) more air, a louder sound. And so, a physical d_____________244) in the a_____________245) around us will produce a sound.

* analogy: 비유 ** radiate: 사방으로 퍼지다

39 삽입

Food chain means the t_____________246) of food energy from the source in plants through a series of o_____________247) with the r_____________248) p_____________249) of eating and being eaten. In a grassland, grass is eaten by rabbits while rabbits in turn are eaten by foxes. This is an example of a simple food chain. This food chain implies the s_____________250) in which food energy is t_____________251) from producer to consumer or higher trophic level. It has been o_____________252) that at each level of t_____________253) , a large proportion, 80–90 percent, of the potential energy is l_____________254) as heat. H_____________255) the number of steps or links in a sequence is r_____________256) , usually to four or five. The s_____________257) the food chain or the n_____________258) the organism is to the beginning of the chain, the greater the available energy i_____________259) is.   * trophic: 영양의

40 요약

A woman named Rhonda who a_____________260) the University of California at Berkeley had a problem. She was living near campus with several other people — none of whom knew one another. When the cleaning people came each weekend, they left several rolls of toilet paper in each of the two bathrooms. H_____________261) , by Monday all the toilet paper would be gone. It was a classic tragedy-of-the-c_____________262) situation: because some people took more toilet paper than their fair s_____________263) , the public resource was d_____________264) for everyone else. After reading a research paper about behavior change, Rhonda put a note in one of the bathrooms asking people not to r_____________265) the toilet paper, as it was a s_____________266) item. To her great s_____________267) , one roll r_____________268) in a few hours, and another the next day. In the other note-free bathroom, however, there was no toilet paper until the following weekend, when the cleaning people returned.

41~42 제목, 어휘

If you were afraid of standing on balconies, you would start on some l_____________269) floors and slowly work your way up to higher ones. It would be easy to face a f_____________270) of standing on high balconies in a way that's totally c_____________271) . S_____________272) is trickier. People aren't like i_____________273) features of a building that you just have to be around to get used to. You have to i_____________274) with them, and their responses can be u_____________275) . Your feelings toward them are more complex too. Most people's s_____________276) isn't going to be a_____________277) that much if they don't like balconies, but your confidence can s_____________278) if you can't s_____________279) effectively.

 It's also harder to design a t_____________280) way to gradually f_____________281) many social fears. The social situations you need to e_____________282) yourself to may not be available when you want them, or they may not go well enough for you to sense that things are under control. The p_____________283) from one step to the next may not be clear, creating u_____________284) large increases in difficulty from one to the next. People around you aren't robots that you can endlessly e_____________285) with for your own p_____________286) . This is not to say that facing your f_____________287) is p_____________288) when socializing. The principles of g_____________289) e_____________290) are still very useful. The process of applying them is just messier, and knowing that before you start is helpful.

43~45 순서, 지칭, 세부 내용

When I was 17, I discovered a wonderful thing. My father and I were sitting on the floor of his study. We were o_____________

_291) his old papers. Across the carpet I saw a fat paper clip. Its rust dusted the cover sheet of a report of some kind. I picked it

up. I started to read. Then I started to cry. It was a speech he had written in 1920, in Tennessee. Then only 17 himself and

graduating from high school, he had called for e_____________292) for African Americans. (b) I marvelled, proud of him, and

wondered how, in 1920, so young, so white, and in the deep South, where the law still s_____________293) black from white, he

had had the c_____________294) to deliver it. I asked him about it. "Daddy," I said, handing him the pages, "this speech — how

did you ever get p_____________295) to give it? And weren't you scared?" "Well, honey," he said, "I didn't ask for

p_____________296) . I just asked myself, 'What is the most important c_____________297) facing my generation?' I knew

immediately. Then (a) I asked myself, 'And if I weren't afraid, what would I say about it in this speech?'" "I wrote it. And I

delivered it. About half way through I looked out to see the entire audience of teachers, students, and parents s_____________

_298) up — and w_____________299) out. L_____________300) alone on the stage, I thought to myself, 'Well, I guess I need to

be sure to do only two things with my life: keep thinking for myself, and not get killed.'" He handed the speech back to me, and

smiled. "You seem to have done both," I said.

2021 고1 6월 모의고사

❶ voca ❷ text ❸ [/] ❹ ＿＿＿ ❺ quiz 1 ❻ quiz 2 ❼ quiz 3 ❽ quiz 4 ❾ quiz 5

1. 1)다음 주어진 글에 이어질 순서를 적으시오. 18번

I am James Arkady, PR Director of KHJ Corporation.

(A) We are planning to redesign our brand identity and launch a new logo to celebrate our 10th anniversary. We request you to create a logo that best suits our company's core vision, 'To inspire humanity'.

(B) I hope the new logo will convey our brand message and capture the values of KHJ.

(C) Please send us your logo design proposal once you are done with it. Thank you

2. 1)다음 주어진 글에 이어질 순서를 적으시오. 19번

One day, Cindy happened to sit next to a famous artist in a café, and she was thrilled to see him in person.

(A) "Twenty thousand dollars". She said, with her eyes wide-open, "What?"

(B) Cindy stopped him. "Can I have that napkin you drew on"?, she asked. "Sure", he replied.

(C) It took you like two minutes to draw that". "No", he said.

(D) "It took me over sixty years to draw this". Being at a loss, she stood still rooted to the ground.

(E) He was drawing on a used napkin over coffee. She was looking on in awe. After a few moments, the man finished his coffee and was about to throw away the napkin as he left.

3. 2)다음 주어진 글에 이어질 순서를 적으시오. 20번

Sometimes, you feel the need to avoid something that will lead to success out of discomfort.

(A) You are actively shutting out success because you want to avoid being uncomfortable.

(B) Maybe you are avoiding extra work because you are tired.

(C) Change is always uncomfortable, but it is key to doing things differently in order to find that magical formula for success.

(D) Try doing new things outside of your comfort zone.

(E) Therefore, overcoming your instinct to avoid uncomfortable things at first is essential.

4. 3)다음 주어진 글에 이어질 순서를 적으시오. 21번

We have a tendency to interpret events selectively.

(A) If we want to use a hammer, then the world around us may begin to look as though it is full of nails!

(B) If we want things to be "this way" or "that way" we can most certainly select, stack, or arrange evidence in a way that supports such a viewpoint.

(C) However, what seems to us to be standing out may very well be related to our goals, interests, expectations, past experiences, or current demands of the situation — "with a hammer in hand, everything looks like a nail".

(D) Selective perception is based on what seems to us to stand out.

(E) This quote highlights the phenomenon of selective perception.

5. 4)다음 주어진 글에 이어질 순서를 적으시오. 22번

Rather than attempting to punish students with a low grade or mark in the hope it will encourage them to give greater effort in the future, teachers can better motivate students by considering their work as incomplete and then requiring additional effort.

(A) And with appropriate support, they believe students will continue to work until their performance is satisfactory.

(B) Students who receive an I grade are required to do additional work in order to bring their performance up to an acceptable level.

(C) This policy is based on the belief that students perform at a failure level or submit failing work in large part because teachers accept it.

(D) The Beachwood teachers reason that if they no longer accept substandard work, students will not submit it.

(E) Teachers at Beachwood Middle School in Beachwood, Ohio, record students' grades as A, B, C, or I (Incomplete).

6. 5)다음 주어진 글에 이어질 순서를 적으시오. 23번

> Curiosity makes us much more likely to view a tough problem as an interesting challenge to take on.

(A) In general, curiosity motivates us to view stressful situations as challenges rather than threats, to talk about difficulties more openly, and to try new approaches to solving problems.

(B) A colander becomes a hat.

(C) A stressful meeting with our boss becomes an opportunity to learn.

(D) In fact, curiosity is associated with a less defensive reaction to stress and, as a result, less aggression when we respond to irritation.

(E) A nervous first date becomes an exciting night out with a new person.

7. 6)다음 주어진 글에 이어질 순서를 적으시오. 24번

> When people think about the development of cities, rarely do they consider the critical role of vertical transportation.

(A) In fact, each day, more than 7 billion elevator journeys are taken in tall buildings all over the world. Efficient vertical transportation can expand our ability to build taller and taller skyscrapers.

(B) For example, elevators in the Jeddah Tower in Jeddah, Saudi Arabia, under construction, will reach a height record of 660m.

(C) Antony Wood, a Professor of Architecture at the Illinois Institute of Technology, explains that advances in elevators over the past 20 years are probably the greatest advances we have seen in tall buildings.

8. 7)다음 주어진 글에 이어질 순서를 적으시오. 26번

> Lithops are plants that are often called 'living stones' on account of their unique rocklike appearance.

(A) Lithops are small plants, rarely getting more than an inch above the soil surface and usually with only two leaves. The thick leaves resemble the cleft in an animal's foot or just a pair of grayish brown stones gathered together.

(B) They are native to the deserts of South Africa but commonly sold in garden centers and nurseries. Lithops grow well in compacted, sandy soil with little

water and extreme hot temperatures.

(C) The plants have no true stem and much of the plant is underground. Their appearance has the effect of conserving moisture.

9. 8)다음 주어진 글에 이어질 순서를 적으시오. 29번

> There have been occasions in which you have observed a smile and you could sense it was not genuine.

(A) A genuine smile will impact on the muscles and wrinkles around the eyes and less noticeably, the skin between the eyebrow and upper eyelid is lowered slightly with true enjoyment. The genuine smile can impact on the entire face.

(B) The most obvious way of identifying a genuine smile from an insincere one is that a fake smile primarily only affects the lower half of the face, mainly with the mouth alone. The eyes don't really get involved.

(C) Take the opportunity to look in the mirror and manufacture a smile using the lower half your face only. When you do this, judge how happy your face really looks — is it genuine?

10. 9)다음 주어진 글에 이어질 순서를 적으시오. 30번

> Detailed study over the past two or three decades is showing that the complex forms of natural systems are essential to their functioning.

(A) A $50 billion plan to "let the river loose" in Louisiana recognizes that the controlled Mississippi is washing away twenty-four square miles of that state annually.

(B) The attempt to straighten rivers and give them regular cross-sections is perhaps the most disastrous example of this form-and-function relationship. The natural river has a very irregular form: it curves a lot, spills across floodplains, and leaks into wetlands, giving it an ever-changing and incredibly complex shoreline.

(C) This allows the river to accommodate variations in water level and speed.

(D) Pushing the river into tidy geometry destroys functional capacity and results in disasters like the Mississippi floods of 1927 and 1993 and, more recently, the unnatural disaster of Hurricane Katrina.

11. 10)다음 주어진 글에 이어질 순서를 적으시오. 31번

> In a culture where there is a belief that you can have anything you truly want, there is no problem in choosing.

(A) The weight of outside considerations is greater than their desires. When this is an issue in a group, we discuss what makes for good decisions.

(B) Then they can consider and negotiate with their external pressures.

(C) If a person can be unburdened from their cares and duties and, just for a moment, consider what appeals to them, they get the chance to sort out what is important to them.

(D) Life is about doing what you are supposed to do. The reason they have trouble making choices is they believe that what they may want is not related to what they are supposed to do.

(E) Many cultures, however, do not maintain this belief. In fact, many people do not believe that life is about getting what you want.

12. 11)다음 주어진 글에 이어질 순서를 적으시오. 32번

> Research has confirmed that athletes are less likely to participate in unacceptable behavior than are non-athletes.

(A) However, when athletes resist the temptation to win in a dishonest way, they can develop positive character traits that last a lifetime.

(B) Character is a learned behavior, and a sense of fair play develops only if coaches plan to teach those lessons systematically.

(C) However, moral reasoning and good sporting behavior seem to decline as athletes progress to higher competitive levels, in part because of the increased emphasis on winning. Thus winning can be a double-edged sword in teaching character development.

(D) Some athletes may want to win so much that they lie, cheat, and break team rules. They may develop undesirable character traits that can enhance their ability to win in the short term.

13. 12)다음 주어진 글에 이어질 순서를 적으시오. 33번

> Due to technological innovations, music can now be experienced by more people, for more of the time than ever before.

(A) People start filtering out and organizing their digital libraries like they used to do with their physical music collections. However, there is the difference that the choice lies in their own hands.

(B) Mass availability has given individuals unheard-of control over their own sound-environment. However, it has also confronted them with the simultaneous availability of countless genres of music, in which they have to orient themselves.

(C) The search for the right song is thus associated with considerable effort.

(D) Without being restricted to the limited collection of music-distributors, nor being guided by the local radio program as a 'preselector' of the latest hits, the individual actively has to choose and determine his or her musical preferences.

14. 13)다음 주어진 글에 이어질 순서를 적으시오. 34번

> It is common to assume that creativity concerns primarily the relation between actor(creator) and artifact(creation).

(A) It is the view we include and blend into our own activity, including creative activity.

(B) This means that, in order to be an audience to your own creation, a history of interaction with others is needed. We exist in a social world that constantly confronts us with the "view of the other".

(C) This outside perspective is essential for creativity because it gives new meaning and value to the creative act and its product.

(D) However, from a sociocultural standpoint, the creative act is never "complete" in the absence of a second position — that of an audience. While the actor or creator him/herself is the first audience of the artifact being produced, this kind of distantiation can only be achieved by internalizing the perspective of others on one's work.

15. ¹⁴⁾다음 주어진 글에 이어질 순서를 적으시오. ^{35번}

Health and the spread of disease are very closely linked to how we live and how our cities operate.

(A) The good news is that cities are incredibly resilient. Many cities have experienced epidemics in the past and have not only survived, but advanced.

(B) The nineteenth and early-twentieth centuries saw destructive outbreaks of cholera, typhoid, and influenza in European cities. Doctors such as Jon Snow, from England, and Rudolf Virchow, of Germany, saw the connection between poor living conditions, overcrowding, sanitation, and disease.

(C) In the mid-nineteenth century, London's pioneering sewer system, which still serves it today, was built as a result of understanding the importance of clean water in stopping the spread of cholera.

(D) A recognition of this connection led to the replanning and rebuilding of cities to stop the spread of epidemics.

16. ¹⁵⁾다음 주어진 글에 이어질 순서를 적으시오. ^{36번}

Starting from birth, babies are immediately attracted to faces.

(A) These changes help the organisms to survive, making them alert to enemies. By being able to recognize faces from afar or in the dark, humans were able to know someone was coming and protect themselves from possible danger.

(B) But why? One reason babies might like faces is because of something called evolution. Evolution involves changes to the structures of an organism(such as the brain) that occur over many generations.

(C) Scientists were able to show this by having babies look at two simple images, one that looks more like a face than the other. By measuring where the babies looked, scientists found that the babies looked at the face-like image more than they looked at the non-face image. Even though babies have poor eyesight, they prefer to look at faces.

17. ¹⁶⁾다음 주어진 글에 이어질 순서를 적으시오. ^{37번}

People spend much of their time interacting with media, but that does not mean that people have the critical skills to analyze and understand it.

(A) Research from New York University found that people over 65 shared seven times as much misinformation as their younger counterparts. All of this raises a question: What's the solution to the misinformation problem?

(B) One well-known study from Stanford University in 2016 demonstrated that youth are easily fooled by misinformation, especially when it comes through social media channels. This weakness is not found only in youth, however.

(C) Governments and tech platforms certainly have a role to play in blocking misinformation. However, every individual needs to take responsibility for combating this threat by becoming more information literate.

18. ¹⁷⁾다음 주어진 글에 이어질 순서를 적으시오. ^{38번}

Sound and light travel in waves.

(A) If you bang two sticks together, you will get a sound. As the sticks approach each other, the air immediately in front of them is compressed and energy builds up. When the point of impact occurs, this energy is released as sound waves.

(B) An analogy often given for sound is that of throwing a small stone onto the surface of a still pond. Waves radiate outwards from the point of impact, just as sound waves radiate from the sound source. This is due to a disturbance in the air around us.

(C) If you try the same experiment with two heavy stones, exactly the same thing occurs, but you get a different sound due to the density and surface of the stones, and as they have likely displaced more air, a louder sound. And so, a physical disturbance in the atmosphere around us will produce a sound.

19. 18)다음 주어진 글에 이어질 순서를 적으시오. 39번

> Food chain means the transfer of food energy from the source in plants through a series of organisms with the repeated process of eating and being eaten.

(A) In a grassland, grass is eaten by rabbits while rabbits in turn are eaten by foxes. This is an example of a simple food chain.

(B) Hence the number of steps or links in a sequence is restricted, usually to four or five.

(C) This food chain implies the sequence in which food energy is transferred from producer to consumer or higher trophic level. It has been observed that at each level of transfer, a large proportion, 80 – 90 percent, of the potential energy is lost as heat.

(D) The shorter the food chain or the nearer the organism is to the beginning of the chain, the greater the available energy intake is.

20. 19)다음 주어진 글에 이어질 순서를 적으시오. 40번

> A woman named Rhonda who attended the University of California at Berkeley had a problem.

(A) After reading a research paper about behavior change, Rhonda put a note in one of the bathrooms asking people not to remove the toilet paper, as it was a shared item. To her great satisfaction, one roll reappeared in a few hours, and another the next day.

(B) She was living near campus with several other people — none of whom knew one another. When the cleaning people came each weekend, they left several rolls of toilet paper in each of the two bathrooms.

(C) However, by Monday all the toilet paper would be gone. It was a classic tragedy-of-the-commons situation: because some people took more toilet paper than their fair share, the public resource was destroyed for everyone else.

(D) In the other note-free bathroom, however, there was no toilet paper until the following weekend, when the cleaning people returned.

21. 20)다음 주어진 글에 이어질 순서를 적으시오. 41~42번

> If you were afraid of standing on balconies, you would start on some lower floors and slowly work your way up to higher ones.

(A) It would be easy to face a fear of standing on high balconies in a way that's totally controlled. Socializing is trickier. People aren't like inanimate features of a building that you just have to be around to get used to. You have to interact with them, and their responses can be unpredictable. Your feelings toward them are more complex too.

(B) Most people's self-esteem isn't going to be affected that much if they don't like balconies, but your confidence can suffer if you can't socialize effectively. It's also harder to design a tidy way to gradually face many social fears. The social situations you need to expose yourself to may not be available when you want them, or they may not go well enough for you to sense that things are under control. The progression from one step to the next may not be clear, creating unavoidable large increases in difficulty from one to the next.

(C) People around you aren't robots that you can endlessly experiment with for your own purposes. This is not to say that facing your fears is pointless when socializing. The principles of gradual exposure are still very useful. The process of applying them is just messier, and knowing that before you start is helpful.

22. 21)다음 주어진 글에 이어질 순서를 적으시오. 43~45번

When I was 17, I discovered a wonderful thing.

(A) I asked him about it. "Daddy", I said, handing him the pages, "this speech — how did you ever get permission to give it? And weren't you scared"? "Well, honey", he said, "I didn't ask for permission. I just asked myself, 'What is the most important challenge facing my generation'?

(B) My father and I were sitting on the floor of his study. We were organizing his old papers. Across the carpet I saw a fat paper clip. Its rust dusted the cover sheet of a report of some kind. I picked it up.

(C) I started to read. Then I started to cry. It was a speech he had written in 1920, in Tennessee. Then only 17 himself and graduating from high school, he had called for equality for African Americans. (b) I marvelled, proud of him, and wondered how, in 1920, so young, so white, and in the deep South, where the law still separated black from white, (c) he had had the courage to deliver it.

(D) I knew immediately. Then (a) I asked myself, 'And if I weren't afraid, what would I say about it in this speech'"? "I wrote it. And I delivered it.

(E) About half way through I looked out to see the entire audience of teachers, students, and parents stand up — and walk out. Left alone on the stage, (d) I thought to myself, 'Well, I guess I need to be sure to do only two things with my life: keep thinking for myself, and not get killed'". He handed the speech back to me, and smiled. "(e) You seem to have done both", I said.

2021 고1 6월 모의고사

❶ voca ❷ text ❸ [/] ❹ ____ ❺ quiz 1 ❻ quiz 2 ❼ quiz 3 ❽ quiz 4 ❾ quiz 5

1. 1)밑줄 친 ⓐ~ⓔ 중 어법, 혹은 문맥상 어휘의 사용이 어색한 것끼리 짝지어진 것을 고르시오. (18번)

I am James Arkady, PR Director of KHJ Corporation. We are planning to redesign our brand ⓐ <u>identification</u> and launch a new logo to ⓑ <u>celebrate</u> our 10th anniversary. We request you to create a logo that best ⓒ <u>unrelates</u> our company's core vision, 'To ⓓ <u>inspire</u> humanity'. I hope the new logo will convey our brand message and capture the values of KHJ. Please send ⓔ <u>us</u> your logo design proposal once you are done with it. Thank you.

① ⓐ, ⓑ ② ⓐ, ⓒ ③ ⓑ, ⓒ ④ ⓒ, ⓓ ⑤ ⓑ, ⓓ, ⓔ

2. 2)밑줄 친 ⓐ~ⓕ 중 어법, 혹은 문맥상 어휘의 사용이 어색한 것끼리 짝지어진 것을 고르시오. (19번)

One day, Cindy happened to sit next to a famous artist in a café, and she was thrilled to see him ⓐ <u>on</u> person. He was ⓑ <u>drawing</u> on a ⓒ <u>using</u> napkin over coffee. She was looking on in awe. After a few moments, the man finished his coffee and was about to ⓓ <u>throw</u> away the napkin as he left. Cindy stopped him. "Can I have that napkin you ⓔ <u>drew on</u> "?, she asked. "Sure", he replied. "Twenty thousand dollars". She said, ⓕ <u>with</u> her eyes wide-open, "What? It took you like two minutes to draw that". "No", he said. "It took me over sixty years to draw this". Being at a loss, she stood still rooted to the ground.

① ⓐ, ⓒ ② ⓐ, ⓔ
③ ⓒ, ⓔ ④ ⓑ, ⓒ, ⓓ
⑤ ⓑ, ⓒ, ⓔ, ⓕ

3. 3)밑줄 친 ⓐ~ⓕ 중 어법, 혹은 문맥상 어휘의 사용이 어색한 것끼리 짝지어진 것을 고르시오. (20번)

Sometimes, you feel the need to avoid something that will lead to success out of ⓐ <u>discomfort</u> . Maybe you are ⓑ <u>accepting</u> extra work because you are ⓒ <u>exhausted</u> . You are actively shutting out success because you want to avoid being ⓓ <u>comfortable</u> . Therefore, ⓔ <u>overlooking</u> your instinct to avoid uncomfortable things at first is essential. Try doing new things outside of your comfort zone. Change is not ⓕ <u>uncomfortable</u> , but it is key to doing things differently in order to find that magical formula for success.

① ⓐ, ⓑ, ⓓ   ② ⓐ, ⓑ, ⓕ
③ ⓒ, ⓔ, ⓕ   ④ ⓐ, ⓓ, ⓔ, ⓕ
⑤ ⓑ, ⓓ, ⓔ, ⓕ

4. 4)밑줄 친 ⓐ~ⓔ 중 어법, 혹은 문맥상 어휘의 사용이 어색한 것끼리 짝지어진 것을 고르시오. (21번)

We have a tendency to interpret events ⓐ <u>orderly</u> . If we want things to be "this way" or "that way" we can most certainly select, stack, or arrange evidence in a way that supports such a viewpoint. ⓑ <u>Indiscriminate</u> perception is based on ⓒ <u>that</u> seems to us to stand out. However, ⓓ <u>what</u> seems to us to be standing out may very well be related to our goals, interests, expectations, past experiences, or current demands of the situation — "with a hammer in hand, everything looks like a nail". This quote highlights the phenomenon of ⓔ <u>indiscriminate</u> perception. If we want to use a hammer, then the world around us may begin to look as though it is full of nails!

① ⓑ, ⓓ   ② ⓓ, ⓔ   ③ ⓐ, ⓑ, ⓓ
④ ⓑ, ⓒ, ⓓ   ⑤ ⓐ, ⓑ, ⓒ, ⓔ

5. 5)밑줄 친 ⓐ~ⓙ 중 어법, 혹은 문맥상 어휘의 사용이 어색한 것끼리 짝지어진 것을 고르시오. (22번)

ⓐ <u>In addition to</u> attempting to punish students with a low grade or mark in the hope ⓑ <u>it</u> will encourage them to give greater effort in the future, teachers can better ⓒ <u>motivate</u> students by considering their work as ⓓ <u>incomplete</u> and then requiring additional effort. Teachers at Beachwood Middle School in Beachwood, Ohio, record students' grades as A, B, C, or I (Incomplete). Students who receive an I grade ⓔ <u>are required</u> to do additional work in order to bring their performance up to an ⓕ <u>unavoidable</u> level. This policy is based on the belief ⓖ <u>that</u> students perform at a failure level or ⓗ <u>submit</u> failing work in large part because teachers accept it. The Beachwood teachers ⓘ <u>reason</u> that if they no longer accept substandard work, students will not submit it. And with appropriate support, they believe students will continue to work until their performance is ⓙ <u>satisfactory</u> .

① ⓐ, ⓑ   ② ⓐ, ⓕ   ③ ⓐ, ⓖ
④ ⓓ, ⓕ   ⑤ ⓕ, ⓙ

6. 6)밑줄 친 ⓐ~ⓘ 중 어법, 혹은 문맥상 어휘의 사용이 어색한 것끼리 짝지어진 것을 고르시오. (23번)

Curiosity makes us much more likely to view a ⓐ <u>subtle</u> problem as an interesting challenge to take on. A stressful meeting with our boss becomes an opportunity to learn. A nervous first date becomes an ⓑ <u>exciting</u> night out with a new person. A colander becomes a hat. In general, curiosity ⓒ <u>motivates</u> us ⓓ <u>to view</u> stressful situations as challenges rather than threats, to talk about difficulties more openly, and to try new approaches to solving problems. In fact, curiosity is associated with a ⓔ <u>more</u> ⓕ <u>defensive</u> reaction to stress and, as a result, ⓖ <u>more</u> ⓗ <u>aggression</u> when we respond to ⓘ <u>irritation</u> .

① ⓐ, ⓑ   ② ⓓ, ⓘ   ③ ⓐ, ⓓ, ⓔ
④ ⓐ, ⓔ, ⓖ   ⑤ ⓐ, ⓖ, ⓘ

7. 7)밑줄 친 ⓐ~ⓖ 중 어법, 혹은 문맥상 어휘의 사용이 어색한 것끼리 짝지어진 것을 고르시오. (24번)

When people think about the development of cities, ⓐ <u>occasionally</u> do they consider the critical role of ⓑ <u>vertical</u> transportation. In fact, each day, more than 7 billion elevator journeys are taken in tall buildings all over the world. Efficient ⓒ <u>horizontal</u> transportation can ⓓ <u>expand</u> our ability to build taller and taller skyscrapers. Antony Wood, a Professor of Architecture at the Illinois Institute of Technology, explains that ⓔ <u>advances</u> in elevators over the past 20 years are probably the greatest ⓕ <u>regressions</u> we have seen in tall buildings. For example, elevators in the Jeddah Tower in Jeddah, Saudi Arabia, under construction, will ⓖ <u>reach to</u> a height record of 660m.

① ⓑ, ⓒ, ⓔ   ② ⓒ, ⓓ, ⓕ   ③ ⓐ, ⓒ, ⓕ, ⓖ
④ ⓑ, ⓓ, ⓕ, ⓖ   ⑤ ⓒ, ⓓ, ⓔ, ⓕ

8. 8)밑줄 친 ⓐ~ⓕ 중 어법, 혹은 문맥상 어휘의 사용이 어색한 것끼리 짝지어진 것을 고르시오. (26번)

Lithops are plants that are often called 'living stones' on account ⓐ <u>of</u> their unique rocklike appearance. They are native to the deserts of South Africa but commonly ⓑ <u>sold</u> in garden centers and nurseries. Lithops grow well in compacted, sandy soil with little water and extreme hot temperatures. Lithops are small plants, ⓒ <u>often</u> getting more than an inch above the soil surface and usually with only two leaves. The thick leaves ⓓ <u>resemble</u> the cleft in an animal's foot or just a pair of grayish brown stones ⓔ <u>is gathered</u> together. The plants have no true stem and much of the plant is underground. Their appearance has the effect of ⓕ <u>conserving</u> moisture.

① ⓐ, ⓒ   ② ⓐ, ⓔ   ③ ⓐ, ⓕ
④ ⓒ, ⓔ   ⑤ ⓐ, ⓓ, ⓔ

9. 9)밑줄 친 ⓐ~ⓘ 중 어법, 혹은 문맥상 어휘의 사용이 어색한 것끼리 짝지어진 것을 고르시오. (29번)

There have been occasions ⓐ <u>which</u> you have observed a smile and you could sense it was ⓑ <u>fake</u> . The most obvious way of ⓒ <u>identity</u> a genuine smile from an insincere one is that a fake smile primarily only affects the lower half of the face, mainly with the mouth ⓓ <u>lonely</u> . The eyes don't really get involved. Take the opportunity to look in the mirror and ⓔ <u>manufacture</u> a smile ⓕ <u>using</u> the lower half your face only. When you do this, judge how happy your face really looks — is it genuine? A genuine smile will ⓖ <u>impact</u> on the muscles and wrinkles around the eyes and ⓗ <u>less</u> noticeably, the skin between the eyebrow and upper eyelid is lowered slightly with true enjoyment. The genuine smile can impact on the ⓘ <u>half</u> face.

① ⓐ, ⓒ, ⓕ   ② ⓐ, ⓕ, ⓘ   ③ ⓒ, ⓔ, ⓗ
④ ⓐ, ⓑ, ⓒ, ⓘ   ⑤ ⓐ, ⓒ, ⓓ, ⓘ

10. 10)밑줄 친 ⓐ~ⓚ 중 어법, 혹은 문맥상 어휘의 사용이 어색한 것끼리 짝지어진 것을 고르시오. (30번)

Detailed study over the past two or three decades is showing that the ⓐ <u>simplified</u> forms of natural systems are essential to their functioning. The ⓑ <u>attempt</u> to straighten rivers and give them ⓒ <u>regular</u> cross-sections is perhaps the most disastrous example of this form-and-function relationship. The natural river has a very ⓓ <u>irregular</u> form: it curves a lot, spills across floodplains, and leaks into wetlands, ⓔ <u>given</u> it an ever-changing and incredibly ⓕ <u>simplified</u> shoreline. This allows the river ⓖ <u>to accommodate</u> ⓗ <u>variations</u> in water level and speed. Pushing the river into tidy ⓘ <u>geometry</u> destroys functional capacity and results ⓙ <u>in</u> disasters like the Mississippi floods of 1927 and 1993 and, more recently, the unnatural disaster of Hurricane Katrina. A $50 billion plan to "let the river ⓚ <u>loose</u> " in Louisiana recognizes that the controlled Mississippi is washing away twenty-four square miles of that state annually.

① ⓕ, ⓙ   ② ⓐ, ⓒ, ⓕ   ③ ⓐ, ⓔ, ⓕ
④ ⓐ, ⓔ, ⓚ   ⑤ ⓔ, ⓘ, ⓙ

11. 11)밑줄 친 ⓐ~ⓚ 중 어법, 혹은 문맥상 어휘의 사용이 어색한 것끼리 짝지어진 것을 고르시오. (31번)

In a culture where there is a belief ⓐ <u>which</u> you can have anything you truly want, there is no problem in choosing. Many cultures, however, do not maintain this belief. In fact, many people do not believe that life is about getting ⓑ <u>what</u> you want. Life is about doing ⓒ <u>that</u> you are ⓓ <u>supposed</u> to do. The reason they have trouble making choices is they believe that ⓔ <u>what</u> they may want is not related to ⓕ <u>what</u> they are supposed to do. The weight of outside considerations is ⓖ <u>greater</u> than their desires. When this is an issue in a group, we discuss ⓗ <u>what</u> makes for good decisions. If a person can be unburdened from their cares and duties and, just for a moment, consider ⓘ <u>what</u> appeals to them, they get the chance to sort out ⓙ <u>that</u> is important to them. Then they can consider and negotiate with their ⓚ <u>external</u> pressures.

① ⓐ, ⓔ   ② ⓖ, ⓙ   ③ ⓐ, ⓒ, ⓓ
④ ⓐ, ⓒ, ⓙ   ⑤ ⓑ, ⓒ, ⓔ

12. 12)밑줄 친 ⓐ~ⓚ 중 어법, 혹은 문맥상 어휘의 사용이 어색한 것끼리 짝지어진 것을 고르시오. (32번)

Research has ⓐ <u>confronted</u> that athletes are ⓑ <u>more</u> likely to participate in ⓒ <u>unacceptable</u> behavior than are non-athletes. However, ⓓ <u>moral</u> reasoning and good sporting behavior seem to decline as athletes progress to higher ⓔ <u>competitive</u> levels, in part because of the ⓕ <u>increased</u> emphasis on winning. Thus winning can be a ⓖ <u>double-edged</u> sword in teaching character development. Some athletes may want to win so much that they lie, cheat, and break team rules. They may develop ⓗ <u>undesirable</u> character traits that can ⓘ <u>enhance</u> their ability to win in the short term. However, when athletes ⓙ <u>overcome</u> the temptation to win in a dishonest way, they can develop positive character traits that last for a ⓚ <u>long term</u> . Character is a learned behavior, and a sense of fair play develops only if coaches plan to teach those lessons systematically.

① ⓐ, ⓑ   ② ⓑ, ⓓ   ③ ⓑ, ⓘ
④ ⓘ, ⓚ   ⑤ ⓑ, ⓕ, ⓖ, ⓚ

13. 13)밑줄 친 ⓐ~ⓗ 중 어법, 혹은 문맥상 어휘의 사용이 어색한 것끼리 짝지어진 것을 고르시오. (33번)

Due to technological innovations, music can now be experienced by more people, for more of the time than ever before. Mass ⓐ <u>availability</u> has given individuals unheard-of control over their own sound-environment. However, it has also ⓑ <u>confirmed</u> them with the ⓒ <u>simultaneous</u> availability of countless genres of music, in which they have to orient themselves. People start ⓓ <u>filter</u> out and organizing their digital libraries like they used to do with their physical music collections. However, there is the ⓔ <u>difference</u> that the choice lies in their own hands. Without being restricted to the ⓕ <u>limited</u> collection of music-distributors, nor being guided

by the local radio program as a 'preselector' of the ⓖ <u>latest</u> hits, the individual actively has to choose and determine his or her musical preferences . The search for the right song is thus associated with considerable ⓗ <u>effort</u> .

① ⓐ, ⓓ   ② ⓑ, ⓓ   ③ ⓑ, ⓔ
④ ⓑ, ⓕ   ⑤ ⓑ, ⓖ

14. 14)밑줄 친 ⓐ~ⓚ 중 어법, 혹은 문맥상 어휘의 사용이 어색한 것끼리 짝지어진 것을 고르시오. (34번)

It is common to assume that creativity ⓐ <u>concerns</u> primarily the relation between actor(ⓑ <u>creator</u>) and artifact (ⓒ <u>creation</u>). However, from a sociocultural standpoint, the creative act is " ⓓ <u>incomplete</u> " in the absence of a second position — that of an ⓔ <u>creator</u> . While the actor or creator him/herself is the first audience of the artifact being produced, this kind of distantiation can only be achieved by ⓕ <u>internalizing</u> the perspective of others on one's work. This means that, in order to be an ⓖ <u>audience</u> to your own creation, a history of interaction with others ⓗ <u>is</u> needed. We exist in a ⓘ <u>social</u> world that constantly ⓙ <u>confronts</u> us with the "view of the other". It is the view we ⓚ <u>conclude</u> and blend into our own activity, including creative activity. This outside perspective is essential for creativity because it gives new meaning and value to the creative act and its product.

① ⓑ, ⓔ   ② ⓒ, ⓙ   ③ ⓔ, ⓚ
④ ⓙ, ⓚ   ⑤ ⓒ, ⓓ, ⓔ

15. ¹⁵⁾밑줄 친 ⓐ~ⓖ 중 어법, 혹은 문맥상 어휘의 사용이 어색한 것끼리 짝지어진 것을 고르시오. ^(35번)

Health and the spread of disease are very closely linked to how we live and how our cities operate. The good news is that cities are incredibly ⓐ <u>resilient</u>. Many cities have experienced epidemics in the past and have not only survived, but ⓑ <u>destroyed</u> . The nineteenth and early-twentieth centuries saw ⓒ <u>destructive</u> outbreaks of cholera, typhoid, and influenza in European cities. Doctors such as Jon Snow, from England, and Rudolf Virchow, of Germany, saw the connection between poor living conditions, ⓓ <u>under-population</u> , ⓔ <u>clarification</u> , and disease. A recognition of this connection led to the replanning and rebuilding of cities to ⓕ <u>ease</u> the spread of epidemics. In the mid-nineteenth century, London's pioneering sewer system, which still ⓖ <u>serves</u> it today, was built as a result of understanding the importance of clean water in stopping the spread of cholera.

① ⓐ, ⓒ, ⓓ   ② ⓐ, ⓓ, ⓔ   ③ ⓐ, ⓔ, ⓖ
④ ⓐ, ⓓ, ⓔ, ⓖ   ⑤ ⓑ, ⓓ, ⓔ, ⓕ

16. ¹⁶⁾밑줄 친 ⓐ~ⓗ 중 어법, 혹은 문맥상 어휘의 사용이 어색한 것끼리 짝지어진 것을 고르시오. ^(36번)

Starting from birth, babies are immediately attracted ⓐ <u>faces</u>. Scientists were able to show this by having babies ⓑ <u>look</u> at two simple images, one that looks more like a face than the other. By measuring ⓒ <u>where</u> the babies looked, scientists found that the babies looked at the face-like image more than they looked at the non-face image. Even though babies have poor eyesight, they prefer ⓓ <u>to look</u> at faces. But why? One reason babies might like faces is ⓔ <u>because of</u> something called evolution. Evolution involves changes to the structures of an organism(such as the brain) that ⓕ <u>is occurred</u> over many generations. These changes help the organisms to survive, making them ⓖ <u>relaxed</u> to enemies. ⓗ <u>By</u> being able to recognize faces from afar or in the dark, humans were able to know someone was coming and protect themselves from possible danger.

① ⓒ, ⓖ   ② ⓓ, ⓖ   ③ ⓐ, ⓒ, ⓗ
④ ⓐ, ⓕ, ⓖ   ⑤ ⓓ, ⓕ, ⓗ

17. ¹⁷⁾밑줄 친 ⓐ~ⓖ 중 어법, 혹은 문맥상 어휘의 사용이 어색한 것끼리 짝지어진 것을 고르시오. ^(37번)

People spend much of their time interacting with media, but that does not mean that people have the critical skills to analyze and understand it. One well-known study from Stanford University in 2016 demonstrated that youth are easily fooled by misinformation, especially when it comes through ⓐ <u>sociable</u> media channels. This ⓑ <u>weakness</u> is not found only in youth, ⓒ <u>however</u> . Research from New York University found that people over 65 shared seven times as much misinformation as their younger counterparts. All of this raises a question: ⓓ <u>That</u>'s the solution to the misinformation problem? Governments and tech platforms certainly have a role to play in ⓔ <u>generating</u> misinformation. However, every ⓕ <u>individuals</u> needs to take responsibility for combating this threat by becoming more information ⓖ <u>literate</u>.

① ⓐ, ⓒ, ⓕ   ② ⓒ, ⓔ, ⓕ   ③ ⓐ, ⓓ, ⓔ, ⓕ
④ ⓑ, ⓒ, ⓔ, ⓖ   ⑤ ⓒ, ⓓ, ⓔ, ⓕ

18. ¹⁸⁾밑줄 친 ⓐ~ⓗ 중 어법, 혹은 문맥상 어휘의 사용이 어색한 것끼리 짝지어진 것을 고르시오. ^(38번)

Sound and light travel in waves. An ⓐ <u>contrast</u> often given for sound is that of throwing a small stone onto the surface of a still pond. Waves ⓑ <u>radiate</u> outwards from the point of impact, just as sound waves ⓒ <u>radiate</u> from the sound source. This is due to a disturbance in the air around us. If you bang two sticks together, you will get a sound. As the sticks ⓓ <u>approach</u> each other, the air immediately in front of them is compressed and energy builds up. When the point of impact occurs, this energy is ⓔ <u>relieved</u> as sound waves. If you try the same experiment with two heavy stones, exactly the same thing occurs, but you get a different sound due to the ⓕ <u>clarity</u> and surface of the stones, and as they have likely ⓖ <u>displaced</u> more air, a louder sound. And so, a physical ⓗ <u>abundance</u> in the atmosphere around us will produce a sound.

① ⓒ, ⓓ, ⓖ   ② ⓒ, ⓖ, ⓗ   ③ ⓓ, ⓕ, ⓗ
④ ⓐ, ⓔ, ⓕ, ⓗ   ⑤ ⓑ, ⓒ, ⓓ, ⓖ

19. ¹⁹⁾밑줄 친 ⓐ~ⓘ 중 어법, 혹은 문맥상 어휘의 사용이 어색한 것끼리 짝지어진 것을 고르시오. ^(39번)

Food chain means the ⓐ <u>transfer</u> of food energy from the source in plants through a series of ⓑ <u>organism</u> with the repeated process of eating and being eaten. In a grassland, grass is eaten by rabbits while rabbits in turn are ⓒ <u>eaten by</u> foxes. This is an example of a simple food chain. This food chain implies the sequence in which food energy is ⓓ <u>transformed</u> from producer to consumer or higher trophic level. It has been observed that at each level of transfer, a large proportion, 80 – 90 percent, of the potential energy is ⓔ <u>lost</u> as heat. Hence ⓕ <u>the</u> number of steps or links in a sequence ⓖ <u>is</u> restricted, usually to four or five. The shorter the food chain or the nearer the organism is to the beginning of the chain, the ⓗ <u>greater</u> the available energy ⓘ <u>output</u> is.

① ⓐ, ⓘ   ② ⓒ, ⓕ   ③ ⓕ, ⓘ
④ ⓑ, ⓓ, ⓘ   ⑤ ⓓ, ⓗ, ⓘ

20. ²⁰⁾밑줄 친 ⓐ~ⓖ 중 어법, 혹은 문맥상 어휘의 사용이 어색한 것끼리 짝지어진 것을 고르시오. ^(40번)

A woman named Rhonda who ⓐ <u>attended</u> the University of California at Berkeley had a problem. She was living near campus with several other people — none of whom knew one another. When the cleaning people came each weekend, they ⓑ <u>left</u> several rolls of toilet paper in ⓒ <u>every</u> of the two bathrooms . However, by Monday all the toilet paper would be gone. It was a classic ⓓ <u>comic-of-the-commons</u> situation: because some people took more toilet paper than their fair share, the public resource was destroyed for everyone else. After reading a research paper about behavior change, Rhonda put a note in one of the ⓔ <u>bathroom</u> ⓕ <u>asking</u> people not to remove the toilet paper, as it was a shared item. To her great satisfaction, one roll reappeared in a few hours, and another the next day. In the other ⓖ <u>note-free</u> bathroom, however, there was no toilet paper until the following weekend, when the cleaning people returned.

① ⓐ, ⓓ   ② ⓑ, ⓔ   ③ ⓒ, ⓕ
④ ⓑ, ⓒ, ⓓ   ⑤ ⓒ, ⓓ, ⓔ

21. 21)밑줄 친 ⓐ~ⓚ 중 어법, 혹은 문맥상 어휘의 사용이 어색한 것끼리 짝지어진 것을 고르시오. (41~42번)

If you were afraid of standing on balconies, you would start on some lower floors and slowly work your way up to higher ones. It would be easy to face a fear of standing on high balconies in a way that's totally controlled. Socializing is trickier. People aren't like inanimate features of a building that you just have to be around to get used to. You have to ⓐ interact with them, and their responses can be ⓑ unpredictable. Your feelings toward them are more ⓒ complex too. Most people's self-esteem isn't going to be affected that much if they don't like balconies, but your confidence can suffer if you can't socialize effectively. It's also harder to design a tidy way to gradually face many ⓓ sociable fears. The ⓔ sociable situations you need to expose yourself to may not be available when you want them, or they may not go well enough for you to sense that things are ⓕ under control. The progression from one step to the next may not be ⓖ vague , creating unavoidable large ⓗ increases in difficulty from one to the next. People around you aren't robots that you can endlessly experiment ⓘ with for your own purposes. This is not to say that facing your fears is ⓙ essential when socializing. The principles of ⓚ gradual exposure are still very useful. The process of applying them is just messier, and knowing that before you start is helpful.

① ⓐ, ⓘ　　　　② ⓒ, ⓓ, ⓖ　　　③ ⓔ, ⓗ, ⓙ
④ ⓓ, ⓔ, ⓖ, ⓙ　⑤ ⓔ, ⓖ, ⓗ, ⓙ

22. 22)밑줄 친 ⓐ~ⓖ 중 어법, 혹은 문맥상 어휘의 사용이 어색한 것끼리 짝지어진 것을 고르시오. (43~45번)

When I was 17, I discovered a wonderful thing. My father and I were sitting on the floor of his study. We were organizing his old papers. Across the carpet I saw a fat paper clip. Its rust ⓐ was dusted by the cover sheet of a report of some kind. I picked it up. I started to read. Then I started to cry. It was a speech he had written in 1920, in Tennessee. Then only 17 himself and graduating from high school, he had called for ⓑ equality for African Americans. I marvelled, proud of him, and wondered how, in 1920, so young, so white, and in the deep South, where the law still separated black from white, he had had the courage to deliver it. I asked him about it. "Daddy", I said, handing him the pages, "this speech — how did you ever ⓒ get permission to give it? And weren't you scared"? "Well, honey", he said, "I didn't ask for permission. I just asked myself, 'ⓓ What is the most important challenge facing my generation'? I knew immediately. Then (a) I asked myself, 'And if I weren't afraid, ⓔ that would I say about it in this speech'"? "I wrote it. And I delivered it. About half way through I looked out to see the entire audience of teachers, students, and parents ⓕ stood up — and walk out. Left alone on the stage, I thought to myself, 'Well, I guess I need to be sure to do only two things with my life: keep ⓖ to think for myself, and not get killed'". He handed the speech back to me, and smiled. "You seem to have done both", I said.

① ⓐ, ⓑ, ⓕ　　　② ⓐ, ⓒ, ⓕ　　　③ ⓑ, ⓔ, ⓖ
④ ⓐ, ⓑ, ⓒ, ⓓ　⑤ ⓐ, ⓔ, ⓕ, ⓖ

2021 고1 6월 모의고사

❶ voca ❷ text ❸ [/] ❹ _____ ❺ quiz 1 ❻ quiz 2 ❼ quiz 3 ❽ quiz 4 ❾ quiz 5

1. 1)밑줄 부분 중 어법, 혹은 문맥상 어휘의 쓰임이 어색한 것을 올바르게 고쳐 쓰시오. (2개) (18번   )

I am James Arkady, PR Director of KHJ Corporation. We are planning to redesign our brand ① underline identity and launch a new logo to ② celebrating our 10th anniversary. We request you to create a logo that best ③ unrelates our company's core vision, 'To ④ inspire humanity'. I hope the new logo will convey our brand message and capture the values of KHJ. Please send ⑤ us your logo design proposal once you are done with it. Thank you.

기호	어색한 표현	올바른 표현
( )	_____________ ⇨	_____________
( )	_____________ ⇨	_____________

2. 2)밑줄 부분 중 어법, 혹은 문맥상 어휘의 쓰임이 어색한 것을 올바르게 고쳐 쓰시오. (3개) (19번   )

One day, Cindy happened to sit next to a famous artist in a café, and she was thrilled to see him ① on person. He was ② drawing on a ③ using napkin over coffee. She was looking on in awe. After a few moments, the man finished his coffee and was about to ④ throwing away the napkin as he left. Cindy stopped him. "Can I have that napkin you ⑤ drew on "?, she asked. "Sure", he replied. "Twenty thousand dollars". She said, ⑥ with her eyes wide-open, "What? It took you like two minutes to draw that". "No", he said. "It took me over sixty years to draw this". Being at a loss, she stood still rooted to the ground.

기호	어색한 표현	올바른 표현
( )	_____________ ⇨	_____________
( )	_____________ ⇨	_____________
( )	_____________ ⇨	_____________

3. 3)밑줄 부분 중 어법, 혹은 문맥상 어휘의 쓰임이 어색한 것을 올바르게 고쳐 쓰시오. (3개) (20번   )

Sometimes, you feel the need to avoid something that will lead to success out of ① comfort . Maybe you are ② accepting extra work because you are ③ exhausted . You are actively shutting out success because you want to avoid being ④ comfortable . Therefore, ⑤ overcoming your instinct to avoid uncomfortable things at first is essential. Try doing new things outside of your comfort zone. Change is not ⑥ comfortable , but it is key to doing things differently in order to find that magical formula for success.

기호	어색한 표현	올바른 표현
( )	_____________ ⇨	_____________
( )	_____________ ⇨	_____________
( )	_____________ ⇨	_____________

4. 4)밑줄 부분 중 어법, 혹은 문맥상 어휘의 쓰임이 어색한 것을 올바르게 고쳐 쓰시오. (1개) (21번   )

We have a tendency to interpret events ① selectively . If we want things to be "this way" or "that way" we can most certainly select, stack, or arrange evidence in a way that supports such a viewpoint. ② Indiscriminate perception is based on ③ what seems to us to stand out. However, ④ what seems to us to be standing out may very well be related to our goals, interests, expectations, past experiences, or current demands of the situation — "with a hammer in hand, everything looks like a nail". This quote highlights the phenomenon of ⑤ selective perception. If we want to use a hammer, then the world around us may begin to look as though it is full of nails!

기호	어색한 표현	올바른 표현
( )	_____________ ⇨	_____________

5. 5)밑줄 부분 중 <u>어법, 혹은 문맥상 어휘의 쓰임이 어색한 것을</u> 올바르게 고쳐 쓰시오. (5개) (22번)

① <u>Rather than</u> attempting to punish students with a low grade or mark in the hope ② <u>it</u> will encourage them to give greater effort in the future, teachers can better ③ <u>simulate</u> students by considering their work as ④ <u>incomplete</u> and then requiring additional effort. Teachers at Beachwood Middle School in Beachwood, Ohio, record students' grades as A, B, C, or I (Incomplete). Students who receive an I grade ⑤ <u>required</u> to do additional work in order to bring their performance up to an ⑥ <u>acceptable</u> level. This policy is based on the belief ⑦ <u>that</u> students perform at a failure level or ⑧ <u>admit</u> failing work in large part because teachers accept it. The Beachwood teachers ⑨ <u>reasoning</u> that if they no longer accept substandard work, students will not submit it. And with appropriate support, they believe students will continue to work until their performance is ⑩ <u>unsatisfactory</u> .

기호	어색한 표현		올바른 표현
(　)	＿＿＿＿＿＿	⇨	＿＿＿＿＿＿
(　)	＿＿＿＿＿＿	⇨	＿＿＿＿＿＿
(　)	＿＿＿＿＿＿	⇨	＿＿＿＿＿＿
(　)	＿＿＿＿＿＿	⇨	＿＿＿＿＿＿
(　)	＿＿＿＿＿＿	⇨	＿＿＿＿＿＿

6. 6)밑줄 부분 중 <u>어법, 혹은 문맥상 어휘의 쓰임이 어색한 것을</u> 올바르게 고쳐 쓰시오. (4개) (23번)

Curiosity makes us much more likely to view a ① <u>subtle</u> problem as an interesting challenge to take on. A stressful meeting with our boss becomes an opportunity to learn. A nervous first date becomes an ② <u>exciting</u> night out with a new person. A colander becomes a hat. In general, curiosity ③ <u>motivates</u> us ④ <u>from viewing</u> stressful situations as challenges rather than threats, to talk about difficulties more openly, and to try new approaches to solving problems. In fact, curiosity is associated with a ⑤ <u>more</u> ⑥ <u>defensive</u> reaction to stress and, as a result, ⑦ <u>less</u> ⑧ <u>aggression</u> when we respond to ⑨ <u>imitation</u> .

기호	어색한 표현		올바른 표현
(　)	＿＿＿＿＿＿	⇨	＿＿＿＿＿＿
(　)	＿＿＿＿＿＿	⇨	＿＿＿＿＿＿
(　)	＿＿＿＿＿＿	⇨	＿＿＿＿＿＿
(　)	＿＿＿＿＿＿	⇨	＿＿＿＿＿＿

7. 7)밑줄 부분 중 <u>어법, 혹은 문맥상 어휘의 쓰임이 어색한 것을</u> 올바르게 고쳐 쓰시오. (4개) (24번)

When people think about the development of cities, ① <u>rarely</u> do they consider the critical role of ② <u>horizontal</u> transportation. In fact, each day, more than 7 billion elevator journeys are taken in tall buildings all over the world. Efficient ③ <u>horizontal</u> transportation can ④ <u>expend</u> our ability to build taller and taller skyscrapers. Antony Wood, a Professor of Architecture at the Illinois Institute of Technology, explains that ⑤ <u>advances</u> in elevators over the past 20 years are probably the greatest ⑥ <u>regressions</u> we have seen in tall buildings. For example, elevators in the Jeddah Tower in Jeddah, Saudi Arabia, under construction, will ⑦ <u>reach</u> a height record of 660m.

기호	어색한 표현		올바른 표현
(　)	＿＿＿＿＿＿	⇨	＿＿＿＿＿＿
(　)	＿＿＿＿＿＿	⇨	＿＿＿＿＿＿
(　)	＿＿＿＿＿＿	⇨	＿＿＿＿＿＿
(　)	＿＿＿＿＿＿	⇨	＿＿＿＿＿＿

8. 8)밑줄 부분 중 어법, 혹은 문맥상 어휘의 쓰임이 어색한 것을 올바르게 고쳐 쓰시오. (5개) (26번)

Lithops are plants that are often called 'living stones' on account ① <u>to</u> their unique rocklike appearance. They are native to the deserts of South Africa but commonly ② <u>are sold</u> in garden centers and nurseries. Lithops grow well in compacted, sandy soil with little water and extreme hot temperatures. Lithops are small plants, ③ <u>rarely</u> getting more than an inch above the soil surface and usually with only two leaves. The thick leaves ④ <u>resemble with</u> the cleft in an animal's foot or just a pair of grayish brown stones ⑤ <u>is gathered</u> together. The plants have no true stem and much of the plant is underground. Their appearance has the effect of ⑥ <u>emitting</u> moisture.

기호	어색한 표현		올바른 표현
( )	__________	⇨	__________
( )	__________	⇨	__________
( )	__________	⇨	__________
( )	__________	⇨	__________
( )	__________	⇨	__________

9. 9)밑줄 부분 중 어법, 혹은 문맥상 어휘의 쓰임이 어색한 것을 올바르게 고쳐 쓰시오. (4개) (29번)

There have been occasions ① <u>in which</u> you have observed a smile and you could sense it was ② <u>fake</u> . The most obvious way of ③ <u>identity</u> a genuine smile from an insincere one is that a fake smile primarily only affects the lower half of the face, mainly with the mouth ④ <u>lonely</u> . The eyes don't really get involved. Take the opportunity to look in the mirror and ⑤ <u>manufacture</u> a smile ⑥ <u>using</u> the lower half your face only. When you do this, judge how happy your face really looks — is it genuine? A genuine smile will ⑦ <u>effect</u> on the muscles and wrinkles around the eyes and ⑧ <u>less</u> noticeably, the skin between the eyebrow and upper eyelid is lowered slightly with true enjoyment. The genuine smile can impact on the ⑨ <u>half</u> face.

10. 10)밑줄 부분 중 어법, 혹은 문맥상 어휘의 쓰임이 어색한 것을 올바르게 고쳐 쓰시오. (7개) (30번)

Detailed study over the past two or three decades is showing that the ① <u>simplified</u> forms of natural systems are essential to their functioning. The ② <u>contempt</u> to straighten rivers and give them ③ <u>irregular</u> cross-sections is perhaps the most disastrous example of this form-and-function relationship. The natural river has a very ④ <u>irregular</u> form: it curves a lot, spills across floodplains, and leaks into wetlands, ⑤ <u>given</u> it an ever-changing and incredibly ⑥ <u>complex</u> shoreline. This allows the river ⑦ <u>to accommodate</u> ⑧ <u>aviations</u> in water level and speed. Pushing the river into tidy ⑨ <u>geology</u> destroys functional capacity and results ⑩ <u>in</u> disasters like the Mississippi floods of 1927 and 1993 and, more recently, the unnatural disaster of Hurricane Katrina. A $50 billion plan to "let the river ⑪ <u>tidy</u> " in Louisiana recognizes that the controlled Mississippi is washing away twenty-four square miles of that state annually.

기호	어색한 표현		올바른 표현
( )	__________	⇨	__________
( )	__________	⇨	__________
( )	__________	⇨	__________
( )	__________	⇨	__________
( )	__________	⇨	__________
( )	__________	⇨	__________
( )	__________	⇨	__________

11. 11)밑줄 부분 중 어법, 혹은 문맥상 어휘의 쓰임이 어색한 것을 올바르게 고쳐 쓰시오. (6개) (31번)

In a culture where there is a belief ① <u>that</u> you can have anything you truly want, there is no problem in choosing. Many cultures, however, do not maintain this belief. In fact, many people do not believe that life is about getting ② <u>what</u> you want. Life is about doing ③ <u>what</u> you are ④ <u>supposed</u> to do. The reason they have trouble making choices is they believe that ⑤ <u>that</u> they may want is not related to ⑥ <u>that</u> they are supposed to do. The weight of outside considerations is ⑦ <u>smaller</u> than their desires. When this is an issue in a group, we discuss ⑧ <u>that</u> makes for good decisions. If a person can be unburdened from their cares and duties and, just for a moment, consider ⑨ <u>that</u> appeals to them, they get the chance to sort out ⑩ <u>that</u> is important to them. Then they can consider and negotiate with their ⑪ <u>external</u> pressures.

기호	어색한 표현		올바른 표현
( )	__________	⇒	__________
( )	__________	⇒	__________
( )	__________	⇒	__________
( )	__________	⇒	__________
( )	__________	⇒	__________
( )	__________	⇒	__________

12. 12)밑줄 부분 중 어법, 혹은 문맥상 어휘의 쓰임이 어색한 것을 올바르게 고쳐 쓰시오. (5개) (32번)

Research has ① <u>confronted</u> that athletes are ② <u>more</u> likely to participate in ③ <u>unacceptable</u> behavior than are non-athletes. However, ④ <u>moral</u> reasoning and good sporting behavior seem to decline as athletes progress to higher ⑤ <u>competent</u> levels, in part because of the ⑥ <u>dwindled</u> emphasis on winning. Thus winning can be a ⑦ <u>double-edged</u> sword in teaching character development. Some athletes may want to win so much that they lie, cheat, and break team rules. They may develop ⑧ <u>desirable</u> character traits that can ⑨ <u>enhance</u> their ability to win in the short term. However, when athletes ⑩ <u>overcome</u> the temptation to win in a dishonest way, they can develop positive character traits that last for a ⑪ <u>long term</u> . Character is a learned behavior, and a sense of fair play develops only if coaches plan to teach those lessons systematically.

기호	어색한 표현		올바른 표현
( )	__________	⇒	__________
( )	__________	⇒	__________
( )	__________	⇒	__________
( )	__________	⇒	__________
( )	__________	⇒	__________

13. 13)밑줄 부분 중 어법, 혹은 문맥상 어휘의 쓰임이 어색한 것을 올바르게 고쳐 쓰시오. (4개) (33번)

Due to technological innovations, music can now be experienced by more people, for more of the time than ever before. Mass ① <u>availability</u> has given individuals unheard-of control over their own sound-environment. However, it has also ② <u>confronted</u> them with the ③ <u>spontaneous</u> availability of countless genres of music, in which they have to orient themselves. People start ④ <u>filter</u> out and organizing their digital libraries like they used to do with their physical music collections. However, there is the ⑤ <u>similarity</u> that the choice lies in their own hands. Without being restricted to the ⑥ <u>limited</u> collection of music-distributors, nor being guided by the local radio program as a 'preselector' of the ⑦ <u>latest</u> hits, the individual actively has to choose and determine his or her musical preferences . The search for the right song is thus associated with considerable ⑧ <u>preference</u> .

기호	어색한 표현		올바른 표현
( )	__________	⇒	__________
( )	__________	⇒	__________
( )	__________	⇒	__________
( )	__________	⇒	__________

14. 14)밑줄 부분 중 어법, 혹은 문맥상 어휘의 쓰임이 어색한 것을 올바르게 고쳐 쓰시오. (6개) (34번)

It is common to assume that creativity ① __rejects__ primarily the relation between actor(② __creation__) and artifact (③ __creation__). However, from a sociocultural standpoint, the creative act is " ④ __incomplete__ " in the absence of a second position — that of an ⑤ __audience__ . While the actor or creator him/herself is the first audience of the artifact being produced, this kind of distantiation can only be achieved by ⑥ __externalizing__ the perspective of others on one's work. This means that, in order to be an ⑦ __audience__ to your own creation, a history of interaction with others ⑧ __are__ needed. We exist in a ⑨ __social__ world that constantly ⑩ __conforms__ us with the "view of the other". It is the view we ⑪ __conclude__ and blend into our own activity, including creative activity. This outside perspective is essential for creativity because it gives new meaning and value to the creative act and its product.

기호	어색한 표현		올바른 표현
( )	__________	⇒	__________
( )	__________	⇒	__________
( )	__________	⇒	__________
( )	__________	⇒	__________
( )	__________	⇒	__________
( )	__________	⇒	__________

15. 15)밑줄 부분 중 어법, 혹은 문맥상 어휘의 쓰임이 어색한 것을 올바르게 고쳐 쓰시오. (1개) (35번)

Health and the spread of disease are very closely linked to how we live and how our cities operate. The good news is that cities are incredibly ① __resilient__. Many cities have experienced epidemics in the past and have not only survived, but ② __advanced__ . The nineteenth and early-twentieth centuries saw ③ __destructive__ outbreaks of cholera, typhoid, and influenza in European cities. Doctors such as Jon Snow, from England, and Rudolf Virchow, of Germany, saw the connection between poor living conditions, ④ __under-population__ , ⑤ __sanitation__ , and disease. A recognition of this connection led to the replanning and rebuilding of cities to ⑥ __stop__ the spread of epidemics. In the mid-nineteenth century, London's pioneering sewer system, which still ⑦ __serves__ it today, was built as a result of understanding the importance of clean water in stopping the spread of cholera.

기호	어색한 표현		올바른 표현
( )	__________	⇒	__________

16. 16)밑줄 부분 중 어법, 혹은 문맥상 어휘의 쓰임이 어색한 것을 올바르게 고쳐 쓰시오. (4개) (36번)

Starting from birth, babies are immediately attracted ① __to faces__. Scientists were able to show this by having babies ② __look__ at two simple images, one that looks more like a face than the other. By measuring ③ __when__ the babies looked, scientists found that the babies looked at the face-like image more than they looked at the non-face image. Even though babies have poor eyesight, they prefer ④ __looking__ at faces. But why? One reason babies might like faces is ⑤ __because of__ something called evolution. Evolution involves changes to the structures of an organism(such as the brain) that ⑥ __is occurred__ over many generations. These changes help the organisms to survive, making them ⑦ __relaxed__ to enemies. ⑧ __By__ being able to recognize faces from afar or in the dark, humans were able to know someone was coming and protect themselves from possible danger.

기호	어색한 표현		올바른 표현
( )	__________	⇒	__________
( )	__________	⇒	__________
( )	__________	⇒	__________
( )	__________	⇒	__________

17. 17)밑줄 부분 중 어법, 혹은 문맥상 어휘의 쓰임이 어색한 것을 올바르게 고쳐 쓰시오. (6개) (37번)

People spend much of their time interacting with media, but that does not mean that people have the critical skills to analyze and understand it. One well-known study from Stanford University in 2016 demonstrated that youth are easily fooled by misinformation, especially when it comes through ① <u>sociable</u> media channels. This ② <u>advantage</u> is not found only in youth, ③ <u>contrarily</u> . Research from New York University found that people over 65 shared seven times as much misinformation as their younger counterparts. All of this raises a question: ④ <u>That's</u> the solution to the misinformation problem? Governments and tech platforms certainly have a role to play in ⑤ <u>blocking</u> misinformation. However, every ⑥ <u>individuals</u> needs to take responsibility for combating this threat by becoming more information ⑦ <u>literary</u>.

기호	어색한 표현		올바른 표현
( )	____________	⇨	____________
( )	____________	⇨	____________
( )	____________	⇨	____________
( )	____________	⇨	____________
( )	____________	⇨	____________
( )	____________	⇨	____________

18. 18)밑줄 부분 중 어법, 혹은 문맥상 어휘의 쓰임이 어색한 것을 올바르게 고쳐 쓰시오. (2개) (38번)

Sound and light travel in waves. An ① <u>analogy</u> often given for sound is that of throwing a small stone onto the surface of a still pond. Waves ② <u>radiate</u> outwards from the point of impact, just as sound waves ③ <u>radiate</u> from the sound source. This is due to a disturbance in the air around us. If you bang two sticks together, you will get a sound. As the sticks ④ <u>approach</u> each other, the air immediately in front of them is compressed and energy builds up. When the point of impact occurs, this energy is ⑤ <u>released</u> as sound waves. If you try the same experiment with two heavy stones, exactly the same thing occurs, but you get a different sound due to the ⑥ <u>clarity</u> and surface of the stones, and as they have likely ⑦ <u>displaced</u> more air, a louder sound. And so, a physical ⑧ <u>abundance</u> in the atmosphere around us will produce a sound.

기호	어색한 표현		올바른 표현
( )	____________	⇨	____________
( )	____________	⇨	____________

19. 19)밑줄 부분 중 어법, 혹은 문맥상 어휘의 쓰임이 어색한 것을 올바르게 고쳐 쓰시오. (8개) (39번)

Food chain means the ① <u>transparency</u> of food energy from the source in plants through a series of ② <u>organism</u> with the repeated process of eating and being eaten. In a grassland, grass is eaten by rabbits while rabbits in turn are ③ <u>eating</u> foxes. This is an example of a simple food chain. This food chain implies the sequence in which food energy is ④ <u>transformed</u> from producer to consumer or higher trophic level. It has been observed that at each level of transfer, a large proportion, 80 – 90 percent, of the potential energy is ⑤ <u>gained</u> as heat. Hence ⑥ <u>a</u> number of steps or links in a sequence ⑦ <u>are</u> restricted, usually to four or five. The shorter the food chain or the nearer the organism is to the beginning of the chain, the ⑧ <u>greater</u> the available energy ⑨ <u>output</u> is.

기호	어색한 표현		올바른 표현
( )	____________	⇨	____________
( )	____________	⇨	____________
( )	____________	⇨	____________
( )	____________	⇨	____________
( )	____________	⇨	____________
( )	____________	⇨	____________
( )	____________	⇨	____________
( )	____________	⇨	____________

20. 20)밑줄 부분 중 어법, 혹은 문맥상 어휘의 쓰임이 어색한 것을 올바르게 고쳐 쓰시오. (4개) (40번)

A woman named Rhonda who ① <u>attended</u> the University of California at Berkeley had a problem. She was living near campus with several other people — none of whom knew one another. When the cleaning people came each weekend, they ② <u>were left</u> several rolls of toilet paper in ③ <u>every</u> of the two bathrooms . However, by Monday all the toilet paper would be gone. It was a classic ④ <u>comic-of-the-commons</u> situation: because some people took more toilet paper than their fair share, the public resource was destroyed for everyone else. After reading a research paper about behavior change, Rhonda put a note in one of the ⑤ <u>bathrooms</u> ⑥ <u>asked</u> people not to remove the toilet paper, as it was a shared item. To her great satisfaction, one roll reappeared in a few hours, and another the next day. In the other ⑦ <u>note-free</u> bathroom, however, there was no toilet paper until the following weekend, when the cleaning people returned.

기호	어색한 표현		올바른 표현
( )	__________	⇒	__________
( )	__________	⇒	__________
( )	__________	⇒	__________
( )	__________	⇒	__________

21. 21)밑줄 부분 중 어법, 혹은 문맥상 어휘의 쓰임이 어색한 것을 올바르게 고쳐 쓰시오. (8개) (41~42번)

If you were afraid of standing on balconies, you would start on some lower floors and slowly work your way up to higher ones. It would be easy to face a fear of standing on high balconies in a way that's totally controlled. Socializing is trickier. People aren't like inanimate features of a building that you just have to be around to get used to. You have to ① <u>transact</u> with them, and their responses can be ② <u>predictable</u>. Your feelings toward them are more ③ <u>simplified</u> too. Most people's self-esteem isn't going to be affected that much if they don't like balconies, but your confidence can suffer if you can't socialize effectively. It's also harder to design a tidy way to gradually face many ④ <u>sociable</u> fears. The ⑤ <u>sociable</u> situations you need to expose yourself to may not be available when you want them, or they may not go well enough for you to sense that things are ⑥ <u>under</u> control. The progression from one step to the next may not be ⑦ <u>vague</u> , creating unavoidable large ⑧ <u>decreases</u> in difficulty from one to the next. People around you aren't robots that you can endlessly experiment ⑨ <u>with for</u> your own purposes. This is not to say that facing your fears is ⑩ <u>essential</u> when socializing. The principles of ⑪ <u>gradual</u> exposure are still very useful. The process of applying them is just messier, and knowing that before you start is helpful.

기호	어색한 표현		올바른 표현
( )	__________	⇒	__________
( )	__________	⇒	__________
( )	__________	⇒	__________
( )	__________	⇒	__________
( )	__________	⇒	__________
( )	__________	⇒	__________
( )	__________	⇒	__________
( )	__________	⇒	__________

22. 22)밑줄 부분 중 <u>어법, 혹은 문맥상 어휘의 쓰임이 어색한 것</u>을 올바르게 고쳐 쓰시오. (2개) ^(43~45번)

When I was 17, I discovered a wonderful thing. My father and I were sitting on the floor of his study. We were organizing his old papers. Across the carpet I saw a fat paper clip. Its rust ① <u>dusted</u> the cover sheet of a report of some kind. I picked it up. I started to read. Then I started to cry. It was a speech he had written in 1920, in Tennessee. Then only 17 himself and graduating from high school, he had called for ② <u>quality</u> for African Americans. I marvelled, proud of him, and wondered how, in 1920, so young, so white, and in the deep South, where the law still separated black from white, he had had the courage to deliver it. I asked him about it. "Daddy", I said, handing him the pages, "this speech — how did you ever ③ <u>give</u> permission to give it? And weren't you scared"? "Well, honey", he said, "I didn't ask for permission. I just asked myself, '④ <u>What</u> is the most important challenge facing my generation'? I knew immediately. Then (a) I asked myself, 'And if I weren't afraid, ⑤ <u>what</u> would I say about it in this speech'"? "I wrote it. And I delivered it. About half way through I looked out to see the entire audience of teachers, students, and parents ⑥ <u>stand</u> up — and walk out. Left alone on the stage, I thought to myself, 'Well, I guess I need to be sure to do only two things with my life: keep ⑦ <u>thinking</u> for myself, and not get killed'". He handed the speech back to me, and smiled. "You seem to have done both", I said.

기호	어색한 표현		올바른 표현
( )	________________	⇨	________________
( )	________________	⇨	________________

2021 고1 6월 모의고사

18 다음 글의 요약문을 완성하시오 1)

Dear Mr. Jones,

I am James Arkady, PR Director of KHJ Corporation. We are planning to redesign our brand identity and launch a new logo to celebrate our 10th anniversary. We request you to create a logo that best suits our company's core vision, 'To inspire humanity.' I hope the new logo will convey our brand message and capture the values of KHJ. Please send us your logo design proposal once you are done with it. Thank you.

Best regards, James Arkady

↓

James ＿＿＿(A)＿＿＿ Mr.Jones that he should ＿＿＿(B)＿＿＿ a new brand logo that fits brand's character and values.

	(A)	(B)
①	maintains	impress
②	discourages	create
③	orders	revise
④	identifies	eliminate
⑤	urges	express

19 다음 중 무관한 문장은? 2)

One day, Cindy happened to sit next to a famous artist in a café, and she was thrilled to see him in person. He was drawing on a used napkin over coffee. She was looking on in awe. ① After a few moments, the man finished his coffee and was about to throw away the napkin as he left. Cindy stopped him. ② "Can I have that napkin you drew on?", she asked. "Sure," he replied. "Twenty thousand dollars." ③ She said, with her eyes wide-open, "What? It took you like two minutes to draw that." "No," he said. "It took me over sixty years to draw this." ④ The highest known price paid for paintings is approximately US$450.3 million paid in November 2017. ⑤ Being at a loss, she stood still rooted to the ground.

20 학생의 반응으로 옳지 않은 것은? 3)

Sometimes, you feel the need to avoid something that will lead to success out of discomfort. Maybe you are avoiding extra work because you are tired. You are actively shutting out success because you want to avoid being uncomfortable. Therefore, overcoming your instinct to avoid uncomfortable things at first is essential. Try doing new things outside of your comfort zone. Change is always uncomfortable, but it is key to doing things differently in order to find that magical formula for success.

① 승우: Yes, there is no success for the lazy.

② 민경: Lazy people's instincts make them avoid difficult things.

③ 우석: Success comes when I overcome my comfort beyond the obstacles of instinct.

④ 서진: Uncomfortable changes are not right because they have negative consequences.

⑤ 유민: Nevertheless, we must explore the formula for success beyond our comfort zone.

21 빈칸에 공통으로 들어갈 말에 대한 설명으로 옳지 않은 것은? 4)

We have a tendency to interpret events selectively. If we want things to be "this way" or "that way" we can most certainly select, stack, or arrange evidence in a way that supports such a viewpoint. ＿＿＿＿＿ is based on what seems to us to stand out. However, what seems to us to be standing out may very well be related to our goals, interests, expectations, past experiences, or current demands of the situation — "with a hammer in hand, everything looks like a nail." This quote highlights the phenomenon of ＿＿＿＿＿. If we want to use a hammer, then the world around us may begin to look as though it is full of nails!

① tendency not to notice and more quickly forget stimuli that cause emotional discomfort and contradict our prior beliefs.

② process by which individuals perceive what they want to in media messages

③ a way to ignore opposing viewpoint consciously.

④ term to identify the behavior all people exhibit to tend to "see things" based on their particular frame of reference.

⑤ a form of bias due to our understanding of information in a way that matches our existing values and beliefs.

22　다음 글의 내용과 일치하지 않는 것은? 5)

Rather than attempting to punish students with a low grade or mark in the hope it will encourage them to give greater effort in the future, teachers can better motivate students by considering their work as incomplete and then requiring additional effort. Teachers at Beachwood Middle School in Beachwood, Ohio, record students' grades as A, B, C, or I (Incomplete). Students who receive an I grade are required to do additional work in order to bring their performance up to an acceptable level. This policy is based on the belief that students perform at a failure level or submit failing work in large part because teachers accept it. The Beachwood teachers reason that if they no longer accept substandard work, students will not submit it. And with appropriate support, they believe students will continue to work until their performance is satisfactory.

① 학생이 미래에 더 많은 노력을 기울이게 하고 싶은 바람에서 낮은 등급이나 점수로 학생을 벌주려고 하기보다는, 그들의 과제가 미완성이라고 여기고 추가적인 노력을 요구함으로써 교사는 학생에게 동기 부여를 더 잘할 수 있다.
② I 등급을 받은 학생은 자신의 과제 수행을 수용 가능한(기준에 맞는) 수준까지 끌어올리기 위해서 추가적인 과제를 하도록 요구받는다.
③ 이런 방침은 학생이 낙제 수준으로 수행하거나 낙제 과제를 제출하는 것이 대체로 교사가 그것을 받아들이기 때문이라는 믿음에 근거한다.
④ Beachwood의 교사는 만약 그들이 더 이상 기준 이하의 과제를 받아들이지 않는다면, 학생이 그것을 인정하지 않을 것이라고 생각한다.
⑤ 그리고 학생들은 적절한 도움을 받아서 자신의 과제 수행이 만족스러울 때까지 계속 노력할 것이라고 그들은 믿는다.

23　호기심을 사업에 접목할 때 가질 태도가 아닌 것은? 6)

Curiosity makes us much more likely to view a tough problem as an interesting challenge to take on. A stressful meeting with our boss becomes an opportunity to learn. A nervous first date becomes an exciting night out with a new person. A colander becomes a hat. In general, curiosity motivates us to view stressful situations as challenges rather than threats, to talk about difficulties more openly, and to try new approaches to solving problems. In fact, curiosity is associated with a less defensive reaction to stress and, as a result, less aggression when we respond to irritation.

① Challenge the conventional wisdom. Ask questions that move people away from the tried-and-true and help them think more creatively. For example: "What if we give our product away to every 10th caller on Tuesdays?"
② Change the perspective. Pose questions that take a higher view of a problem – that encourage people to think of the long term or the broader implications. "How will this change affect the competition? What will happen to the marketplace as a result?"
③ Include the entire organization. Frame questions that address the needs of your organization and the people in it. "If we eliminate unnecessary paperwork, what will happen in the accounting department?"
④ Be the Boss. You have to be defensive about irritating things and be sure when you attack your rivals. "The humiliation of winning the second place in sales last time should definitely be avenged."
⑤ Inspire excitement. Ask questions that get people excited about possibilities and potential (and not afraid of the price of failure). "Do you see any reason why we shouldn't put this idea into action right away?"

24　주어진 글에서 전체 흐름과 관계 없는 문장은? 7)

① When people think about the development of cities, rarely do they consider the critical role of vertical transportation. In fact, each day, more than 7 billion elevator journeys are taken in tall buildings all over the world. ② These advances, led by the development of secure, touchless elevator solutions, increase building security while enhancing the vertical transportation experience. ③ Efficient vertical transportation can expand our ability to build taller and taller skyscrapers. ④ Antony Wood, a Professor of Architecture at the Illinois Institute of Technology, explains that advances in elevators over the past 20 years are probably the greatest advances we have seen in tall buildings.　⑤ For example, elevators in the Jeddah Tower in Jeddah, Saudi Arabia, under construction, will reach a height record of 660m.

26 필자의 어조를 나타낸 것은? 8)

Lithops are plants that are often called 'living stones' on account of their unique rocklike appearance. They are native to the deserts of South Africa but commonly sold in garden centers and nurseries. Lithops grow well in compacted, sandy soil with little water and extreme hot temperatures. Lithops are small plants, rarely getting more than an inch above the soil surface and usually with only two leaves. The thick leaves resemble the cleft in an animal's foot or just a pair of grayish brown stones gathered together. The plants have no true stem and much of the plant is underground. Their appearance has the effect of conserving moisture.

① analytic ② cynical ③ indifferent
④ instructive ⑤ satirical

30 빈칸에 들어갈 말로 가장 적절한 것은? 9)

Detailed study over the past two or three decades is showing that the complex forms of natural systems are essential to their functioning. The attempt to straighten rivers and give them regular cross-sections is perhaps the least __________ example of this form-and-function relationship. The natural river has a very irregular form: it curves a lot, spills across floodplains, and leaks into wetlands, giving it an ever-changing and incredibly complex shoreline. This allows the river to accommodate variations in water level and speed. Pushing the river into tidy geometry destroys functional capacity and results in disasters like the Mississippi floods of 1927 and 1993 and, more recently, the unnatural disaster of Hurricane Katrina. A $50 billion plan to "let the river loose" in Louisiana recognizes that the controlled Mississippi is washing away twenty-four square miles of that state annually.

① eco-friendly
② against nature
③ defensive
④ manipulated
⑤ progressive

29 그림에서 밑줄을 알 수 있는 근거에 동그라미 하시오. 10)

There have been occasions in which you have observed a smile and you could sense it was not genuine. The most obvious way of identifying a <u>genuine smile</u> from an insincere one is that a fake smile primarily only affects the lower half of the face, mainly with the mouth alone. The eyes don't really get involved. Take the opportunity to look in the mirror and manufacture a smile using the lower half your face only. When you do this, judge how happy your face really looks — is it genuine? A genuine smile will impact on the muscles and wrinkles around the eyes and less noticeably, the skin between the eyebrow and upper eyelid is lowered slightly with true enjoyment. The genuine smile can impact on the entire face.

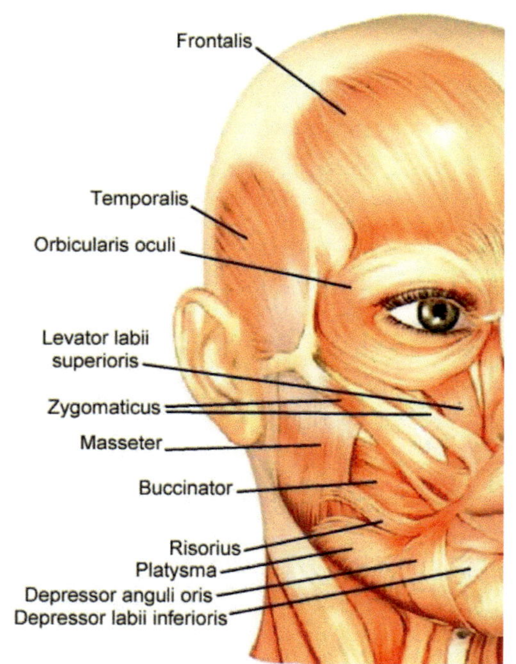

31 주어진 글의 내용을 한 문장으로 요약하고자 한다. 빈칸 (A), (B)에 들어갈 말로 가장 적절한 것은? 11)

In a culture where there is a belief that you can have anything you truly want, there is no problem in choosing. Many cultures, however, do not maintain this belief. In fact, many people do not believe that life is about getting what you want. Life is about doing what you are supposed to do. The reason they have trouble making choices is they believe that what they may want is not related to what they are supposed to do. The weight of outside considerations is greater than their desires. When this is an issue in a group, we discuss what makes for good decisions. If a person can be unburdened from their cares and duties and, just for a moment, consider what appeals to them, they get the chance to sort out what is important to them. Then they can consider and negotiate with their external pressures.

↓

The reason to make a choice is that we have to give ______(A)______ of ourselves to ______(B)______ obligations over ______(C)______ desires.

	(A)	(B)	(C)
①	less	internal	internal
②	less	external	external
③	more	external	internal
④	more	internal	external
⑤	much	internal	external

32 본문의 단어를 활용하여 요약문을 완성하시오. 12)

Research has confirmed that athletes are less likely to participate in unacceptable behavior than are non-athletes. However, moral reasoning and good sporting behavior seem to decline as athletes progress to higher competitive levels, in part because of the increased emphasis on winning. Thus winning can be a double-edged sword in teaching character development. Some athletes may want to win so much that they lie, cheat, and break team rules. They may develop undesirable character traits that can enhance their ability to win in the short term. However, when athletes resist the temptation to win in a dishonest way, they can develop positive character traits that last a lifetime. Character is a learned behavior, and a sense of fair play develops only if coaches plan to teach those lessons systematically.

↓

C_________ should be l__________ in an h__________ way through s__________ l__________ without dev_________ an un_________ t_________ for a s______-______ w__________, t__________ by victory.

33 본문의 단어를 활용하여 요약문을 완성하시오. 13)

Due to technological innovations, music can now be experienced by more people, for more of the time than ever before. Mass availability has given individuals unheard-of control over their own sound-environment. However, it has also confronted them with the simultaneous availability of countless genres of music, in which they have to orient themselves. People start filtering out and organizing their digital libraries like they used to do with their physical music collections. However, there is the difference that the choice lies in their own hands. Without being restricted to the limited collection of music-distributors, nor being guided by the local radio program as a 'preselector' of the latest hits, the individual actively has to choose and determine his or her musical preferences. The search for the right song is thus associated with considerable effort.

↓

Due to the [presence / absense] of music d_________ who act as primary s__________, creating a d__________ l__________ that reflects my p__________ in a wider range of music requires c__________ e__________.

34 빈칸에 들어갈 말로 가장 적절한 것은? 14)

It is common to assume that creativity concerns primarily the relation between actor(creator) and artifact(creation). However, from a sociocultural standpoint, the creative act is "complete" with ____________ . While the actor or creator him/herself is the first audience of the artifact being produced, this kind of distantiation can only be achieved by internalizing the perspective of others on one's work. This means that, in order to be an audience to your own creation, a history of interaction with others is needed. We exist in a social world that constantly confronts us with the "view of the other." It is the view we include and blend into our own activity, including creative activity. This outside perspective is essential for creativity because it gives new meaning and value to the creative act and its product.

① history that runs through the context.
② the creativity of the creator in the creation.
③ the third party perspective
④ the absence of a second position
⑤ an artist who broke a habit and was born a new self

35 무다음은 CDC에 기재되어있는 코로나 바이러스 감염 예방법이다. 글에 나온 내용과 가장 관련이 있는 것은? 15)

Health and the spread of disease are very closely linked to how we live and how our cities operate. The good news is that cities are incredibly resilient. Many cities have experienced epidemics in the past and have not only survived, but advanced. The nineteenth and early-twentieth centuries saw destructive outbreaks of cholera, typhoid, and influenza in European cities. Doctors such as Jon Snow, from England, and Rudolf Virchow, of Germany, saw the connection between poor living conditions, overcrowding, sanitation, and disease. A recognition of this connection led to the replanning and rebuilding of cities to stop the spread of epidemics. In the mid-nineteenth century, London's pioneering sewer system, which still serves it today, was built as a result of understanding the importance of clean water in stopping the spread of cholera.

① Wear a mask that covers your nose and mouth to help protect yourself and others.
② Stay 6 feet apart from others who don't live with you.
③ Get a COVID-19 vaccine when it is available to you.
④ Avoid crowds and poorly ventilated indoor spaces.
⑤ Wash your hands often with soap and water. Use hand sanitizer if soap and water aren't available.

36 빈칸에 들어갈 말로 가장 적절한 것은? 16)

Starting from birth, babies are immediately attracted to faces. Scientists were able to show this by having babies look at two simple images, one that looks more like a face than the other. By measuring where the babies looked, scientists found that the babies looked at the face-like image more than they looked at the non-face image. Even though babies have poor eyesight, they prefer to look at faces. But why? One reason babies might like faces is because of something called evolution. Evolution involves changes to the structures of an organism(such as the brain) that occur over many generations. These changes help the organisms to survive, ____________. By being able to recognize faces from afar or in the dark, humans were able to know someone was coming and protect themselves from possible danger.

① enhancing them to be sensitive to external factors
② turning human being to be recognized as enemies
③ confusing attraction with aggression
④ making them be alerted by enemies
⑤ avoiding every chance of meeting with other orgnisms

37 빈칸에 들어갈 말이 필요로 하는 능력이 아닌 것은? 17)

People spend much of their time interacting with media, but that does not mean that people have the critical skills to analyze and understand it. One well-known study from Stanford University in 2016 demonstrated that youth are easily fooled by misinformation, especially when it comes through social media channels. This weakness is not found only in youth, however. Research from New York University found that people over 65 shared seven times as much misinformation as their younger counterparts. All of this raises a question: What's the solution to the misinformation problem? Governments and tech platforms certainly have a role to play in blocking misinformation. However, every individual needs to take responsibility for combating this threat by _______________.

① how to locate and evaluate the needed information
② how to articulate what kind of information you require
③ how you evaluate information for credibility and authority
④ how you find meaning in the information you discover
⑤ how to deliver information without filtering

38 다음 글의 내용과 일치하지 않는 것은? 18)

Sound and light travel in waves. An analogy often given for sound is that of throwing a small stone onto the surface of a still pond. Waves radiate outwards from the point of impact, just as sound waves radiate from the sound source. This is due to a disturbance in the air around us. If you bang two sticks together, you will get a sound. As the sticks approach each other, the air immediately in front of them is compressed and energy builds up. When the point of impact occurs, this energy is released as sound waves. If you try the same experiment with two heavy stones, exactly the same thing occurs, but you get a different sound due to the density and surface of the stones, and as they have likely displaced more air, a louder sound. And so, a physical disturbance in the atmosphere around us will produce a sound.

① 소리와 빛은 파장으로 이동한다. 소리 현상에 대해 자주 언급되는 비유는 작은 돌멩이를 고요한 연못 표면에 던지는 것이다.

② 음파가 음원으로부터 사방으로 퍼지는 것처럼 파장이 충격 지점으로부터 바깥으로 퍼져나간다. 이것은 우리 주변의 공기 중의 교란 작용 때문이다. 만약에 당신이 막대기 두 개를 함께 꽝 친다면, 소리를 듣게 될 것이다.

③ 막대기들이 서로 가까워질 때, 그것들 바로 앞에 있는 공기가 압축되고 에너지는 축적된다. 충돌점이 발생하면 이 에너지는 음파로 퍼져나간다.

④ 두 개의 무거운 돌을 가지고 같은 실험을 해보면 똑같은 일이 일어나지만, 돌의 밀도와 표면 때문에 당신은 다른 소리를 듣게 되고, 그 돌이 아마 더 적은 공기를 바꿔 놓았기 때문에 당신은 더 작은 소리를 듣게 된다.

⑤ 따라서 우리 주변의 대기 중에서 일어나는 물리적 교란 작용이 소리를 만든다.

39 글에 나온 내용에만 근거하여, 가능한 에너지 섭취가 가장 큰 동물은? 19)

Food chain means the transfer of food energy from the source in plants through a series of organisms with the repeated process of eating and being eaten. In a grassland, grass is eaten by rabbits while rabbits in turn are eaten by foxes. This is an example of a simple food chain. This food chain implies the sequence in which food energy is transferred from producer to consumer or higher trophic level. It has been observed that at each level of transfer, a large proportion, 80 – 90 percent, of the potential energy is lost as heat. Hence the number of steps or links in a sequence is restricted, usually to four or five. The shorter the food chain or the nearer the organism is to the beginning of the chain, the greater the available energy intake is.

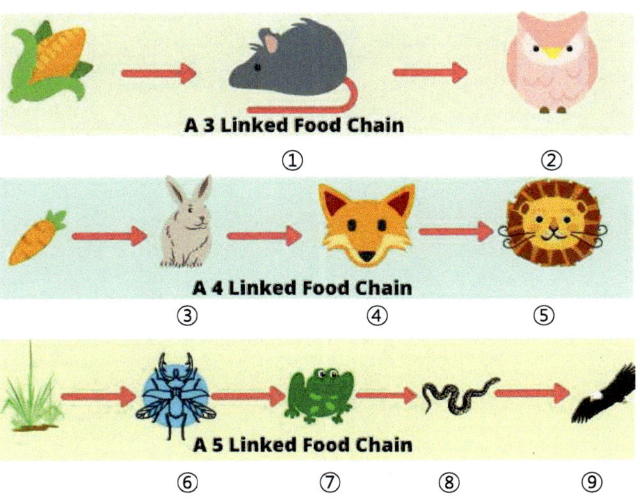

40 주어진 글에서 전체 흐름과 관계 없는 문장은? 20)

A woman named Rhonda who attended the University of California at Berkeley had a problem. ① She was living near campus with several other people — none of whom knew one another. When the cleaning people came each weekend, they left several rolls of toilet paper in each of the two bathrooms. ② However, by Monday all the toilet paper would be gone. It was a classic tragedy-of-the-commons situation: because some people took more toilet paper than their fair share, the public resource was destroyed for everyone else. ③ In economic science, the tragedy of the commons is a situation in which individual users, who have open access to a resource act independently according to their own self-interest and cause depletion of the resource through their uncoordinated action. ④ After reading a research paper about behavior change, Rhonda put a note in one of the bathrooms asking people not to remove the toilet paper, as it was a shared item. ⑤ To her great satisfaction, one roll reappeared in a few hours, and another the next day. In the other note-free bathroom, however, there was no toilet paper until the following weekend, when the cleaning people returned.

41~42 다음 글의 주제로 가장 적절한 것은? 21)

If you were afraid of standing on balconies, you would start on some lower floors and slowly work your way up to higher ones. It would be easy to face a fear of standing on high balconies in a way that's totally controlled. Socializing is trickier. People aren't like inanimate features of a building that you just have to be around to get used to. You have to interact with them, and their responses can be unpredictable. Your feelings toward them are more complex too. Most people's self-esteem isn't going to be affected that much if they don't like balconies, but your confidence can suffer if you can't socialize effectively.

 It's also harder to design a tidy way to gradually face many social fears. The social situations you need to expose yourself to may not be available when you want them, or they may not go well enough for you to sense that things are under control. The progression from one step to the next may not be clear, creating unavoidable large increases in difficulty from one to the next. People around you aren't

robots that you can endlessly experiment with for your own purposes. This is not to say that facing your fears is pointless when socializing. The principles of gradual exposure are still very useful. The process of applying them is just messier, and knowing that before you start is helpful.

① Need for phased adaptation to social development
② Overcoming fear of heights
③ Criticism of the treatment of phobias by shock therapy.
④ Simplicity of progressive development.
⑤ Vertical Transportation of Society

43~45 글쓴이의 심경을 가장 잘 나타낸 것은? 22)

When I was 17, I discovered a wonderful thing. My father and I were sitting on the floor of his study. We were organizing his old papers. Across the carpet I saw a fat paper clip. Its rust dusted the cover sheet of a report of some kind. I picked it up. I started to read. Then I started to cry. It was a speech he had written in 1920, in Tennessee. Then only 17 himself and graduating from high school, he had called for equality for African Americans. I marvelled, proud of him, and wondered how, in 1920, so young, so white, and in the deep South, where the law still separated black from white, he had had the courage to deliver it. I asked him about it. "Daddy," I said, handing him the pages, "this speech — how did you ever get permission to give it? And weren't you scared?" "Well, honey," he said, "I didn't ask for permission. I just asked myself, 'What is the most important challenge facing my generation?' I knew immediately. Then I asked myself, 'And if I weren't afraid, what would I say about it in this speech?'" "I wrote it. And I delivered it. About half way through I looked out to see the entire audience of teachers, students, and parents stand up — and walk out. Left alone on the stage, I thought to myself, 'Well, I guess I need to be sure to do only two things with my life: keep thinking for myself, and not get killed.'" He handed the speech back to me, and smiled. "You seem to have done both," I said.

① regretful   ② relieved
③ apologetic   ④ miserable
⑤ admiring

2021 고1 6월 모의고사

❶ voca ❷ text ❸ [/] ❹ _____ ❺ quiz 1 ❻ quiz 2 ❼ quiz 3 ❽ quiz 4 ❾ quiz 5

☑ **다음 글을 읽고 물음에 답하시오.** (18번)

I am James Arkady, PR Director of KHJ Corporation. We are planning to redesign our brand identity and launch a new logo to celebrate our 10th anniversary. We request you (가)가장 잘 반영한 로고를 제작해주시기, 'To inspire humanity'. I hope the new logo will ^{전달하다} _______ our brand message and capture the values of KHJ. Please send us your logo design proposal once you are done with it. Thank you.

1. ¹⁾힌트를 참고하여 각 빈칸에 알맞은 단어를 쓰시오.

2. ²⁾위 글에 주어진 (가)의 한글과 같은 의미를 가지도록, 각각의 주어진 단어들을 알맞게 배열하시오.

(가) core / suits / vision / that / our / best / a / logo / to / company's / create

☑ **다음 글을 읽고 물음에 답하시오.** (19번)

One day, Cindy ^{우연히 ~하게 되다} _____________ sit next to a famous artist in a café, and she was thrilled to see him in person. He was drawing on a used napkin over coffee. She was looking on in awe. After a few moments, the man finished his coffee and was about to throw away the napkin as he left. Cindy stopped him. "Can I have that napkin you drew on"?, she asked. "Sure", he replied. "Twenty thousand dollars". She said, with her eyes wide-open, "What? It took you like two minutes to draw that". "No", he said. "It took me over sixty years to draw this". (가)그녀는 어쩔 줄 몰라 꼼짝 못한 채 서 있었다..

3. ³⁾힌트를 참고하여 각 빈칸에 알맞은 단어를 쓰시오.

4. ⁴⁾위 글에 주어진 (가)의 한글과 같은 의미를 가지도록, 각각의 주어진 단어들을 알맞게 배열하시오.

(가) ground / loss, / a / at / rooted / Being / stood / still / the / she / to

☑ **다음 글을 읽고 물음에 답하시오.** (20번)

ⓐ <u>Sometimes, you feel the need to confront something that will lead to success out of convenience</u>. Maybe you are avoiding extra work because you are tired. You are actively shutting out success (가)<u>당신은 불편한 것을 피하고 싶어서</u>. Therefore, overcoming your instinct to avoid uncomfortable things at first is essential. Try doing new things outside of your comfort zone. Change is always uncomfortable, but it is key to doing things differently in order to find that magical formula for success.

5. 5)밑줄 친 ⓐ에서, 어법 혹은 문맥상 어색한 부분을 찾아 올바르게 고쳐 쓰시오.

   ⓐ   잘못된 표현   바른 표현

   (   ) ⇨ (   )

   (   ) ⇨ (   )

6. 6)위 글에 주어진 (가)의 한글과 같은 의미를 가지도록, 각각의 주어진 단어들을 알맞게 배열하시오.

(가) being / to / avoid / uncomfortable / want / you / because

☑ **다음 글을 읽고 물음에 답하시오.** (21번)

We have a tendency to interpret events selectively. If we want things to be "this way" or "that way" we can most certainly select, stack, or arrange evidence in a way that supports such a viewpoint. 본문에 있는 단어를 활용해서 들어갈 알맞은 단어 적기 __________ perception is based on (가)<u>우리에게 두드러져 보이는 것</u>. However, what seems to us to be standing out may very well be related to our goals, interests, expectations, past experiences, or current demands of the situation — "with a hammer in hand, everything looks like a nail". This quote highlights the phenomenon of 본문에 있는 단어를 활용해서 들어갈 알맞은 단어 적기 __________ perception. If we want to use a hammer, then the world around us may begin to look as though it is full of nails!

7. 7)힌트를 참고하여 각 빈칸에 알맞은 단어를 쓰시오.

8. 8)위 글에 주어진 (가)의 한글과 같은 의미를 가지도록, 각각의 주어진 단어들을 알맞게 배열하시오.

(가) to / what / us / out / stand / seems / to

☑ **다음 글을 읽고 물음에 답하시오.** (22번)

ⓐ <u>Rather than attempting to praise students with a low grade or mark in the hope it will discourage them to give greater effort in the future, teachers can less motivate students by considering their work as incomplete and then requiring additional effort.</u> Teachers at Beachwood Middle School in Beachwood, Ohio, record students' grades as A, B, C, or I (Incomplete). Students who receive an I grade are required to do additional work in order to bring their performance up to an acceptable level. This policy is based on the belief that students perform at a failure level or submit failing work in large part because teachers accept it. The Beachwood teachers reason that (가) <u>만약 그들이 더 이상 기준 이하의 과제를 받아들이지 않는다면, 학생이 그것을 제출하지 않을 것</u> And with appropriate support, they believe students will continue to work until their performance is satisfactory.

9. 9)밑줄 친 ⓐ에서, 어법 혹은 문맥상 어색한 부분을 찾아 올바르게 고쳐 쓰시오.

  ⓐ   잘못된 표현   바른 표현

  (   ) ⇨ (   )

  (   ) ⇨ (   )

  (   ) ⇨ (   )

10. 10)위 글에 주어진 (가)의 한글과 같은 의미를 가지도록, 각각의 주어진 단어들을 알맞게 배열하시오.

(가) substandard / students / no / longer / accept / work, / if / will / they / submit / not / it.

☑ **다음 글을 읽고 물음에 답하시오.** (23번)

호기심 _________ makes us much more likely to view a tough problem as an interesting challenge to take on. A stressful meeting with our boss becomes an opportunity to learn. A nervous first date becomes an exciting night out with a new person. A colander becomes a hat. In general, 호기심 _________ motivates us to view stressful situations as challenges rather than threats, to talk about difficulties more openly, and to try new approaches to solving problems. ⓐ <u>Similarly, curiosity is associated with a less defensive reaction to stress and, as a result, more aggression when we respond to irritation.</u>

11. 11)힌트를 참고하여 각 빈칸에 알맞은 단어를 쓰시오.

12. 12)밑줄 친 ⓐ에서, 어법 혹은 문맥상 어색한 부분을 찾아 올바르게 고쳐 쓰시오.

  ⓐ   잘못된 표현   바른 표현

  (   ) ⇨ (   )

  (   ) ⇨ (   )

☑ **다음 글을 읽고 물음에 답하시오.** (24번)

When people think about the development of cities, rarely (가)<u>수직 운송 수단의 중요한 역할을 거의 고려하지 않는다.</u>. In fact, each day, more than 7 billion elevator journeys are taken in tall buildings all over the world. Efficient vertical transportation can expand our ability to build taller and taller skyscrapers. Antony Wood, a Professor of Architecture at the Illinois Institute of Technology, explains that advances in elevators over the past 20 years are probably the greatest advances we have seen in tall buildings. 알맞은 연결어 ______________, elevators in the Jeddah Tower in Jeddah, Saudi Arabia, under construction, will reach a height record of 660m.

13. 13)힌트를 참고하여 각 <u>빈칸에 알맞은</u> 단어를 쓰시오.

14. 14)위 글에 주어진 (가)의 한글과 같은 의미를 가지도록, 각각의 주어진 단어들을 알맞게 배열하시오.

(가) of / consider / role / vertical / they / the / transportation / critical / do

☑ **다음 글을 읽고 물음에 답하시오.** (26번)

Lithops are plants that are often called 'living stones' ~때문에. 세단어 ______________ their unique rocklike appearance. They are native to the deserts of South Africa but commonly sold in garden centers and nurseries. Lithops grow well in compacted, sandy soil with little water and extreme hot temperatures. Lithops are small plants, rarely getting more than an inch above the soil surface and usually with only two leaves. The thick leaves 닮다 __________ the cleft in an animal's foot or just a pair of grayish brown stones gathered together. The plants have no true stem and much of the plant is underground. (가)<u>겉모양은 수분을 보존하는 효과를 가지고 있다.</u>.

15. 15)힌트를 참고하여 각 <u>빈칸에 알맞은</u> 단어를 쓰시오.

16. 16)위 글에 주어진 (가)의 한글과 같은 의미를 가지도록, 각각의 주어진 단어들을 알맞게 배열하시오.

(가) of / Their / effect / conserving / has / appearance / the / moisture

☑ 다음 글을 읽고 물음에 답하시오. (29번)

There have been occasions in which you have observed a smile and you could sense it was not genuine. The most obvious way of identifying a genuine smile from an insincere one is that a fake smile primarily only affects the lower half of the face, mainly with the mouth alone. The eyes don't really get involved. ⓐ Taking the opportunity to look in the mirror and manufacture a smile using the lower half your face only. When you do this, (가)당신의 얼굴이 실제로 얼마나 행복해 보이는지를 판단해 봐라. — is it genuine? A genuine smile will impact on the muscles and wrinkles around the eyes and less noticeably, the skin between the eyebrow and upper eyelid is lowered slightly with true enjoyment. The genuine smile can impact on the entire face.

17. 17)밑줄 친 ⓐ에서, 어법 혹은 문맥상 어색한 부분을 찾아 올바르게 고쳐 쓰시오.

   ⓐ   잘못된 표현   바른 표현
   (   ) ⇨ (   )

18. 18)위 글에 주어진 (가)의 한글과 같은 의미를 가지도록, 각각의 주어진 단어들을 알맞게 배열하시오.
(가) how / judge / looks / your / face / happy / really

☑ 다음 글을 읽고 물음에 답하시오. (30번)

Detailed study over the past two or three decades is showing that (가)자연계의 복잡한 형태가 그것의 기능에 필수적이라는 것을 보여주고 있다.. The attempt to straighten rivers and give them regular cross-sections is perhaps the most disastrous example of this form-and-function relationship. The natural river has a very irregular form: it curves a lot, spills across floodplains, and leaks into wetlands, giving it an ever-changing and incredibly complex ^{강가} ____________. This allows the river to ^{조절하다} ____________ variations in water level and speed. Pushing the river into tidy geometry destroys functional capacity and results in disasters like the Mississippi floods of 1927 and 1993 and, more recently, the unnatural disaster of Hurricane Katrina. A $50 billion plan to "let the river loose" in Louisiana recognizes that the controlled Mississippi is washing away twenty-four square miles of that state annually.

19. 19)힌트를 참고하여 각 빈칸에 알맞은 단어를 쓰시오.

20. 20)위 글에 주어진 (가)의 한글과 같은 의미를 가지도록, 각각의 주어진 단어들을 알맞게 배열하시오.
(가) to / are / functioning / systems / their / of / essential / the complex forms / natural

☑ 다음 글을 읽고 물음에 답하시오. (31번)

In a culture where there is a belief that (가)<u>당신이 진정으로 원하는 것은 무엇이든지 가질 수 있다</u>, there is no problem in choosing. Many cultures, however, do not maintain this belief. In fact, many people do not believe that life is about getting what you want. ⓐ <u>Life is about doing that you are supposed to do.</u> The reason they have trouble ^{make의 알맞은 형태} ________ choices is they believe that what they may want is not related to what they are supposed to do. The weight of outside considerations is greater than their desires. When this is an issue in a group, we discuss what makes for good decisions. If a person can ^{unburden의 알맞은 형태} ________________ from their cares and duties and, just for a moment, consider what appeals to them, they get the chance to sort out what is important to them. Then they can consider and negotiate with their external pressures.

21. 21)힌트를 참고하여 각 <u>빈칸에 알맞은</u> 단어를 쓰시오.

22. 22)밑줄 친 ⓐ에서, 어법 혹은 문맥상 어색한 부분을 찾아 올바르게 고쳐 쓰시오.

　　ⓐ　　　　잘못된 표현　　　　　　　　바른 표현

　　(　　　　　　　　) ⇨ (　　　　　　　　)

23. 23)위 글에 주어진 (가)의 한글과 같은 의미를 가지도록, 각각의 주어진 단어들을 알맞게 배열하시오.

(가) you / have / anything / want / you / truly / can

☑ 다음 글을 읽고 물음에 답하시오. (32번)

Research has confirmed that athletes are less likely to participate in unacceptable behavior than are non-athletes. However, ^{도덕적 추론} ________________ and good sporting behavior seem to decline as athletes progress to higher competitive levels, in part because of the increased emphasis on winning. Thus winning can be a double-edged sword in teaching character development. Some athletes may want to win so much that they lie, cheat, and break team rules. ⓐ <u>They may develop desirable character traits that can enhance their ability to win in the short term.</u> However, (가)<u>운동 선수들이 부정한 방법으로 이기려는 유혹에 저항할 때, 그들은 평생 지속되는 긍정적인 성격적 특성을 발달시킬 수 있다.</u> Character is a learned behavior, and a sense of fair play develops only if coaches plan to teach those lessons systematically.

1. 24)힌트를 참고하여 각 <u>빈칸에 알맞은</u> 단어를 쓰시오.

2. 25)밑줄 친 ⓐ에서, 어법 혹은 문맥상 어색한 부분을 찾아 올바르게 고쳐 쓰시오.

　　ⓐ　　　　잘못된 표현　　　　　　　　바른 표현

　　(　　　　　　　　) ⇨ (　　　　　　　　)

3. 26)위 글에 주어진 (가)의 한글과 같은 의미를 가지도록, 각각의 주어진 단어들을 알맞게 배열하시오.

(가) develop / lifetime. / when / dishonest / a / traits / way, / win / in / that / athletes / the / can / character / they / to / positive / temptation / a / resist / last

☑ **다음 글을 읽고 물음에 답하시오.** (33번)

Due to technological innovations, music can now be experienced by more people, for more of the time than ever before. Mass availability has given individuals unheard-of control over their own sound-environment. ⓐ <u>Likewise, it has also avoided them with the simultaneous availability of countable genres of music, what they have to orient them.</u> People start filtering out and organizing their digital libraries like they used to do with their physical music collections. However, there is the difference that the choice lies in their own hands. Without being restricted to the limited collection of music-distributors, nor being guided by the local radio program as a 'preselector' of the latest hits, the individual actively has to choose and determine his or her musical preferences. (가) <u>따라서 적절한 노래를 찾는 것은 상당한 노력과 관련이 있다.</u>.

24. 27)밑줄 친 ⓐ에서, 어법 혹은 문맥상 어색한 부분을 찾아 올바르게 고쳐 쓰시오.

  ⓐ   잘못된 표현   바른 표현
  (   ) ⇨ (   )
  (   ) ⇨ (   )
  (   ) ⇨ (   )
  (   ) ⇨ (   )
  (   ) ⇨ (   )

25. 28)위 글에 주어진 (가)의 한글과 같은 의미를 가지도록, 각각의 주어진 단어들을 알맞게 배열하시오.

(가) search / considerable / with / The / right / effort / associated / for / the / thus / is / song

☑ **다음 글을 읽고 물음에 답하시오.** (34번)

It is common to assume that creativity concerns primarily the relation between actor(creator) and artifact(creation). However, from a sociocultural standpoint, the creative act is never "complete" in the absence of a second position — that of an audience. While the actor or creator him/herself is the first audience of the artifact being produced, this kind of distantiation can only be achieved by ^{internalize의 알맞은 형태} _______________ the perspective of others on one's work. This means that, in order to be an audience to your own creation, a history of interaction with others is needed. We exist in a social world that constantly confronts us with the "view of the other". (가) <u>그것은 우리가 우리 자신의 활동에 통합시키게 되는 관점이다.</u>, including creative activity. This outside perspective is essential for creativity because it gives new meaning and value to the creative act and its product.

26. 29)힌트를 참고하여 각 <u>빈칸에 알맞은</u> 단어를 쓰시오.

27. 30)위 글에 주어진 (가)의 한글과 같은 의미를 가지도록, 각각의 주어진 단어들을 알맞게 배열하시오.

(가) include / into / activity / we / It / the / our / and / blend / view / is / own

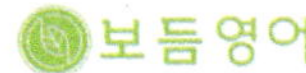

☑ **다음 글을 읽고 물음에 답하시오.** (36번)

Starting from birth, babies are immediately attracted to faces. Scientists were able to show this by having babies look at two simple images, one that looks more like a face than the other. By measuring where the babies looked, scientists found that the babies looked at the face-like image more than they looked at the non-face image. (가)<u>아기는 시력이 좋지 않음에도 불구하고 얼굴을 보는 것을 더 좋아한다</u>.. But why? One reason babies might like faces is because of something called evolution. Evolution involves changes to the structures of an organism(such as the brain) that occur over many generations. These changes help the organisms to survive, making them alert to enemies. ⓐ <u>By being unable to avoid faces from afar or in the dark, humans were able to know someone was coming and protect them from possible danger.</u>

28. 31)밑줄 친 ⓐ에서, 어법 혹은 문맥상 어색한 부분을 찾아 올바르게 고쳐 쓰시오.

ⓐ	잘못된 표현		바른 표현
(	)	⇨ (	)
(	)	⇨ (	)
(	)	⇨ (	)

29. 32)위 글에 주어진 (가)의 한글과 같은 의미를 가지도록, 각각의 주어진 단어들을 알맞게 배열하시오.

(가) babies / prefer / poor / they / to / look / though / faces / at / Even / have / eyesight,

☑ **다음 글을 읽고 물음에 답하시오.** (37번)

(가)<u>사람들은 미디어와 상호작용하는 데 많은 시간을 소비하지만</u>, but that does not mean that people have the critical skills to analyze and understand it. One well-known study from Stanford University in 2016 demonstrated that youth are easily fooled by misinformation, especially when it comes through social media channels. This weakness is not found only in youth, however. Research from New York University found that people over 65 shared seven times as much misinformation as their younger counterparts. All of this raises a question: What's the solution to the misinformation problem? Governments and tech platforms certainly have a role to play in blocking misinformation. However, every individual needs to ~에 책임을 지니다, 세 단어 ______________________ combating this threat by becoming more 정보를 분별할 줄 아는, 두 단어 ______________________.

30. 33)힌트를 참고하여 각 빈칸에 알맞은 단어를 쓰시오.

31. 34)위 글에 주어진 (가)의 한글과 같은 의미를 가지도록, 각각의 주어진 단어들을 알맞게 배열하시오.

(가) People / with / interacting / their / media / time / spend / of / much

☑ 다음 글을 읽고 물음에 답하시오. (38번)

Sound and light travel in waves. An ^{비유} _________ often given for sound is that of throwing a small stone onto the surface of a still pond. Waves radiate outwards from the point of impact, just as sound waves radiate from the sound source. (가) <u>이것은 우리 주변의 공기 중의 교란 작용 때문이다</u>. If you bang two sticks together, you will get a sound. As the sticks approach each other, the air immediately in front of them is compressed and energy builds up. When the point of impact occurs, this energy is released as sound waves. If you try the same experiment with two heavy stones, exactly the same thing occurs, but you get a different sound due to the density and surface of the stones, and as they have likely ^{옮겨놓다} __________ more air, a louder sound. And so, a physical disturbance in the atmosphere around us will produce a sound.

32. ³⁵⁾힌트를 참고하여 각 <u>빈칸에 알맞은</u> 단어를 쓰시오.

33. ³⁶⁾위 글에 주어진 (가)의 한글과 같은 의미를 가지도록, 각각의 주어진 단어들을 알맞게 배열하시오.

(가) a / is / This / to / disturbance / air / the / us / around / due / in

☑ 다음 글을 읽고 물음에 답하시오. (39번)

Food chain means the transfer of food energy from the source in plants through a series of organisms with the repeated process of ^{eat의 알맞은 형태} _______ and ^{eat의 알맞은 형태, 두 단어} ____________. In a grassland, grass is eaten by rabbits while rabbits in turn are eaten by foxes. This is an example of a simple food chain. This food chain implies the sequence in which food energy is transferred from producer to consumer or higher trophic level. It has been observed that at each level of transfer, a large proportion, 80 – 90 percent, of the potential energy is lost as heat. Hence (가), usually to four or five. The shorter the food chain or the nearer the organism is to the beginning of the chain, the greater the available energy intake is.

34. ³⁷⁾힌트를 참고하여 각 <u>빈칸에 알맞은</u> 단어를 쓰시오.

35. ³⁸⁾위 글에 주어진 (가)의 한글과 같은 의미를 가지도록, 각각의 주어진 단어들을 알맞게 배열하시오.

(가) links / the / steps / is / number / of / in / restricted / sequence / a / or

☑ 다음 글을 읽고 물음에 답하시오. (40번)

A woman named Rhonda who attended the University of California at Berkeley had a problem. She was living near campus with several other people — (가)그들 중 누구도 서로를 알지는 못했다.. When the cleaning people came each weekend, they left several rolls of toilet paper in each of the two bathrooms. However, by Monday all the toilet paper would be gone. It was a classic tragedy-of-the-commons situation: because some people took more toilet paper than their fair share, the public resource was destroyed for everyone else. After reading a research paper about behavior change, Rhonda put a note in one of the bathrooms asking people not to remove the toilet paper, as it was a shared item. 아주 만족스럽게도,4단어 _____________________________, one roll reappeared in a few hours, and another the next day. In the other note-free bathroom, however, there was no toilet paper until the following weekend, when the cleaning people returned.

36. 39)힌트를 참고하여 각 빈칸에 알맞은 단어를 쓰시오.

37. 40)위 글에 주어진 (가)의 한글과 같은 의미를 가지도록, 각각의 주어진 단어들을 알맞게 배열하시오.

(가) another / of / knew / none / whom / one

☑ 다음 글을 읽고 물음에 답하시오. (41~42번)

If you were afraid of standing on balconies, you would start on some lower floors and slowly work your way up to higher ones. It would be easy to face a fear of standing on high balconies in a way that's totally controlled. Socializing is trickier. People aren't like 무생물 __________ features of a building that you just have to be around to get used to. You have to interact with them, and their responses can be unpredictable. Your feelings toward them are more complex too. Most people's self-esteem isn't going to be affected that much if they don't like balconies, but your confidence can suffer if you can't socialize effectively. It's also harder to design a tidy way to gradually face many social fears. ⓐ <u>The social situations you need to expose you to may not be unavailable when you want them, or they may go well enough for you to sense that things are under control.</u> The progression from one step to the next may not be clear, creating unavoidable large increases in difficulty from one to the next. People around you aren't robots that (가)당신 자신의 목적을 위해서 끊임없이 실험해 볼 수 있는. This is not to say that facing your fears is pointless when socializing. The principles of gradual exposure are still very useful. The process of applying them is just messier, and knowing that before you start is helpful.

38. 41)힌트를 참고하여 각 빈칸에 알맞은 단어를 쓰시오.

39. 42)밑줄 친 ⓐ에서, 어법 혹은 문맥상 어색한 부분을 찾아 올바르게 고쳐 쓰시오.

ⓐ	잘못된 표현	바른 표현
	( ) ⇨ ( )	
	( ) ⇨ ( )	
	( ) ⇨ ( )	

40. 43)위 글에 주어진 (가)의 한글과 같은 의미를 가지도록, 각각의 주어진 단어들을 알맞게 배열하시오.

(가) purposes / for / experiment / with / endlessly / your / own / can / you

☑ 다음 글을 읽고 물음에 답하시오. (43~45번)

When I was 17, I discovered a wonderful thing. My father and I were sitting on the floor of his study. We were 정리하다 ____________ his old papers. Across the carpet I saw a fat paper clip. Its rust dusted the cover sheet of a report of some kind. I picked it up. I started to read. Then I started to cry. It was a speech he had written in 1920, in Tennessee. Then only 17 himself and graduating from high school, he had 요구하다 _______ for 평등 __________ for African Americans. I marvelled, proud of him, and wondered how, in 1920, so young, so white, and in the deep South, (가) 법으로 백인과 흑인을 여전히 분리시키고 있었던, he had had the courage to deliver it. I asked him about it. "Daddy", I said, handing him the pages, "this speech — how did you ever get permission to give it? And weren't you scared"? "Well, honey", he said, "I didn't ask for permission. I just asked myself, '(나) 우리 세대가 직면하고 있는 가장 중요한 도전 과제는 무엇인가'? I knew immediately. Then I asked myself, 'And if I weren't afraid, what would I say about it in this speech'"? "I wrote it. And I delivered it. About half way through I looked out to see the entire audience of teachers, students, and parents stand up — and walk out. Left alone on the stage, I thought to myself, 'Well, I guess I need to be sure to do only two things with my life: keep thinking for myself, and not get killed'". He handed the speech back to me, and smiled. " You seem to have done both", I said.

41. 44)힌트를 참고하여 각 빈칸에 알맞은 단어를 쓰시오.

42. 45)위 글에 주어진 (가) ~ (나)의 한글과 같은 의미를 가지도록, 각각의 주어진 단어들을 알맞게 배열하시오.

(가) white / still / separated / black / from / the law / where

(나) is / the / my / important / challenge / What / most / generation / facing

정답

WORK BOOK

2021년 고1 6월 모의고사 내신대비용 WorkBook & 변형문제

Prac 1 **Answers**

1) to redesign
2) identity
3) celebrate
4) suits
5) inspire
6) thrilled
7) left
8) drew on
9) Being
10) rooted
11) discomfort
12) because
13) success
14) being
15) overcoming
16) uncomfortable
17) differently
18) selectively
19) supports
20) what
21) However
22) may
23) related
24) highlights
25) selective
26) punish
27) incomplete
28) additional
29) I
30) up
31) that
32) submit
33) substandard
34) submit
35) satisfactory
36) much
37) tough
38) opportunity
39) challenges
40) threats
41) defensive
42) less
43) aggression
44) irritation
45) do they
46) vertical
47) are taken
48) vertical
49) advances
50) advances
51) construction
52) are often called
53) appearance
54) little
55) resemble
56) gathered
57) effect
58) spending
59) share
60) have spent
61) followed by
62) less
63) spent
64) genuine
65) identifying
66) insincere
67) happy
68) less
69) lowered
70) entire
71) complex
72) straighten
73) regular

74) is
75) disastrous
76) irregular
77) complex
78) variations
79) tidy
80) loose
81) where
82) that
83) what
84) what
85) making
86) that
87) what
88) what
89) outside
90) unburdened
91) what
92) external
93) unacceptable
94) moral
95) decline
96) Thus
97) undesirable
98) ability
99) short
100) dishonest
101) positive
102) fair
103) Mass
104) availability
105) given
106) confronted
107) simultaneous
108) used
109) lies
110) restricted
111) limited
112) considerable
113) concerns
114) absence
115) distantiation
116) internalizing
117) others
118) interaction
119) others
120) social
121) other
122) include
123) outside
124) is
125) resilient
126) survived
127) destructive
128) stop
129) pioneering
130) attracted to
131) the other
132) more
133) evolution
134) changes
135) organisms
136) alert
137) able
138) protect
139) interacting
140) fooled
141) weakness
142) that
143) misinformation
144) raises
145) blocking
146) combating
147) literate
148) analogy
149) that
150) outwards

151) radiate
152) approach
153) released
154) density
155) displaced
156) disturbance
157) transfer
158) organisms
159) implies
160) in which
161) transferred
162) observed
163) is
164) steps
165) links
166) is
167) beginning
168) greater
169) intake
170) none
171) bathrooms
172) fair
173) destroyed
174) not to
175) shared
176) satisfaction
177) note-free
178) controlled
179) inanimate
180) used
181) unpredictable
182) isn't
183) can
184) harder
185) face
186) progression
187) unavoidable
188) aren't
189) gradual
190) process
191) them
192) Its
193) had
194) graduating
195) where
196) permission
197) say
198) stand
199) Left
200) thinking

Prac 1 **Answers**

1) to redesign
2) identity
3) celebrate
4) suits
5) inspire
6) thrilled
7) left
8) drew on
9) Being
10) rooted
11) discomfort
12) because
13) success
14) being
15) overcoming
16) uncomfortable
17) differently
18) selectively
19) supports
20) what
21) However
22) may
23) related
24) highlights
25) selective
26) punish
27) incomplete
28) additional
29) I
30) up
31) that
32) submit
33) substandard
34) submit
35) satisfactory
36) much
37) tough
38) opportunity
39) challenges
40) threats
41) defensive
42) less
43) aggression
44) irritation
45) do they
46) vertical
47) are taken
48) vertical
49) advances
50) advances
51) construction
52) are often called
53) appearance
54) little
55) resemble
56) gathered
57) effect
58) genuine
59) identifying
60) insincere
61) happy
62) less
63) lowered
64) entire
65) spending
66) share
67) have spent
68) followed by
69) less
70) spent
71) complex
72) straighten
73) regular
74) is
75) disastrous
76) irregular
77) complex
78) variations
79) tidy
80) loose
81) where
82) that
83) what
84) what
85) making
86) that
87) what
88) what
89) outside
90) unburdened
91) what
92) external
93) unacceptable
94) moral
95) decline
96) Thus
97) undesirable
98) ability
99) short
100) dishonest
101) positive
102) fair
103) Mass
104) availability
105) given
106) confronted
107) simultaneous
108) used
109) lies
110) restricted
111) limited
112) considerable
113) concerns
114) absence
115) distantiation
116) internalizing
117) others
118) interaction
119) others
120) social
121) other
122) include
123) outside
124) is
125) resilient
126) survived
127) destructive
128) stop
129) pioneering
130) attracted to
131) the other
132) more
133) evolution
134) changes
135) organisms
136) alert
137) able
138) protect
139) interacting
140) fooled
141) weakness
142) that
143) misinformation
144) raises
145) blocking
146) combating
147) literate
148) analogy
149) that
150) outwards

151) radiate
152) approach
153) released
154) density
155) displaced
156) disturbance
157) transfer
158) organisms
159) implies
160) in which
161) transferred
162) observed
163) is
164) steps
165) links
166) is
167) beginning
168) greater
169) intake
170) none
171) bathrooms
172) fair
173) destroyed
174) not to
175) shared
176) satisfaction
177) note-free
178) controlled
179) inanimate
180) used
181) unpredictable
182) isn't
183) can
184) harder
185) face
186) progression
187) unavoidable
188) aren't
189) gradual
190) process
191) them
192) Its
193) had
194) graduating
195) where
196) permission
197) say
198) stand
199) Left
200) thinking

Answer Keys

Prac 2 **Answers**

1) redesign
2) identity
3) celebrate
4) suits
5) core
6) inspire
7) humanity
8) convey
9) capture
10) proposal
11) logo design
12) thrilled
13) drawing
14) awe
15) 동사 병렬
16) left
17) on
18) with
19) wide-open
20) Being
21) loss
22) rooted
23) avoid
24) discomfort
25) avoiding
26) shutting
27) success
28) being
29) uncomfortable
30) overcoming
31) instinct
32) essential
33) outside
34) Change
35) differently
36) formula
37) selectively
38) supports
39) viewpoint
40) Selective
41) perception
42) stand
43) related
44) highlights
45) phenomenon
46) selective
47) perception
48) attempting
49) punish
50) encourage
51) motivate
52) incomplete
53) requiring
54) required
55) up
56) acceptable
57) perform
58) submit
59) reason
60) 부사절
61) substandard
62) satisfactory
63) Curiosity
64) challenge
65) take
66) on
67) motivates
68) challenges
69) threats
70) approaches
71) associated
72) defensive
73) aggression

74) irritation
75) development
76) rarely
77) do
78) vertical
79) transportation
80) vertical
81) transportation
82) 형용사적 용법
83) advances
84) account
85) of
86) native
87) compacted
88) rarely
89) resemble
90) gathered
91) underground
92) conserving
93) moisture
94) share
95) selected
96) estimated
97) have
98) given
99) followed
100) share
101) 지시대명사
102) occasions
103) sense
104) genuine
105) identifying
106) insincere
107) affects
108) involved
109) manufacture
110) impact
111) lowered
112) entire
113) complex
114) forms
115) essential
116) functioning
117) attempt
118) straighten
119) disastrous
120) irregular
121) complex
122) accommodate
123) variations
124) Pushing the river into tidy geometry destroys functional capacity and results in disasters
125) controlled
126) state
127) 동격의 접속사 that
128) supposed
129) reason
130) making
131) choices
132) related
133) supposed
134) outside
135) considerations
136) desires
137) unburdened
138) sort
139) negotiate
140) external
141) pressures
142) confirmed
143) participate
144) unacceptable
145) moral
146) decline
147) progress
148) emphasis
149) double-edged

150) undesirable
151) traits
152) enhance
153) short
154) resist
155) temptation
156) dishonest
157) positive
158) learned
159) teach
160) technological
161) innovations
162) Mass
163) availability
164) control
165) confronted
166) simultaneous
167) availability
168) filtering
169) organizing
170) ~하곤 했다
171) lies
172) restricted
173) limited
174) guided
175) preferences
176) considerable
177) creativity
178) concerns
179) relation
180) absence
181) absence
182) distantiation
183) internalizing
184) perspective
185) interaction
186) others
187) confronts
188) view of the other
189) outside
190) perspective
191) value
192) spread
193) operate
194) resilient
195) epidemics
196) advanced
197) destructive
198) outbreaks
199) sanitation
200) replanning
201) rebuilding
202) pioneering
203) sewer
204) serves
205) clean
206) attracted
207) look
208) prefer
209) to
210) 관계부사 why
211) evolution
212) changes
213) structures
214) organism
215) survive
216) alert
217) protect
218) interacting
219) analyze
220) demonstrated
221) fooled
222) weakness
223) misinformation
224) counterparts
225) misinformation
226) Governments

227) platforms
228) blocking
229) combating
230) threat
231) literate
232) analogy
233) analogy
234) still
235) radiate
236) outwards
237) impact
238) disturbance
239) approach
240) compressed
241) released
242) density
243) displaced
244) disturbance
245) atmosphere
246) transfer
247) organisms
248) repeated
249) process
250) sequence
251) transferred
252) observed
253) transfer
254) lost
255) Hence
256) restricted
257) shorter
258) nearer
259) intake
260) attended
261) However
262) commons
263) share
264) destroyed
265) remove
266) shared
267) satisfaction
268) reappeared
269) lower
270) fear
271) controlled
272) Socializing
273) inanimate
274) interact
275) unpredictable
276) self-esteem
277) affected
278) suffer
279) socialize
280) tidy
281) face
282) expose
283) progression
284) unavoidable
285) experiment
286) purposes
287) fears
288) pointless
289) gradual
290) exposure
291) organizing
292) equality
293) separated
294) courage
295) permission
296) permission
297) challenge
298) stand
299) walk
300) Left

Prac 2 **Answers**

1) redesign
2) identity
3) celebrate
4) suits
5) core
6) inspire
7) humanity
8) convey
9) capture
10) proposal
11) logo design
12) thrilled
13) drawing
14) awe
15) 동사 병렬
16) left
17) on
18) with
19) wide-open
20) Being
21) loss
22) rooted
23) avoid
24) discomfort
25) avoiding
26) shutting
27) success
28) being
29) uncomfortable
30) overcoming
31) instinct
32) essential
33) outside
34) Change
35) differently
36) formula
37) selectively
38) supports
39) viewpoint
40) Selective
41) perception
42) stand
43) related
44) highlights
45) phenomenon
46) selective
47) perception
48) attempting
49) punish
50) encourage
51) motivate
52) incomplete
53) requiring
54) required
55) up
56) acceptable
57) perform
58) submit
59) reason
60) 부사절
61) substandard
62) satisfactory
63) Curiosity
64) challenge
65) take
66) on
67) motivates
68) challenges
69) threats
70) approaches
71) associated
72) defensive

73) aggression
74) irritation
75) development
76) rarely
77) do
78) vertical
79) transportation
80) vertical
81) transportation
82) 형용사적 용법
83) advances
84) account
85) of
86) native
87) compacted
88) rarely
89) resemble
90) gathered
91) underground
92) conserving
93) moisture
94) share
95) selected
96) estimated
97) have
98) given
99) followed
100) share
101) 지시대명사
102) occasions
103) sense
104) genuine
105) identifying
106) insincere
107) affects
108) involved
109) manufacture
110) impact
111) lowered
112) entire
113) complex
114) forms
115) essential
116) functioning
117) attempt
118) straighten
119) disastrous
120) irregular
121) complex
122) accommodate
123) variations
124)   Pushing the river into tidy geometry destroys functional capacity and results in disasters
125) controlled
126) state
127) 동격의 접속사 that
128) supposed
129) reason
130) making
131) choices
132) related
133) supposed
134) outside
135) considerations
136) desires
137) unburdened
138) sort
139) negotiate
140) external
141) pressures
142) confirmed
143) participate
144) unacceptable
145) moral
146) decline
147) progress
148) emphasis

149) double-edged
150) undesirable
151) traits
152) enhance
153) short
154) resist
155) temptation
156) dishonest
157) positive
158) learned
159) teach
160) technological
161) innovations
162) Mass
163) availability
164) control
165) confronted
166) simultaneous
167) availability
168) filtering
169) organizing
170) ~하곤 했다
171) lies
172) restricted
173) limited
174) guided
175) preferences
176) considerable
177) creativity
178) concerns
179) relation
180) absence
181) absence
182) distantiation
183) internalizing
184) perspective
185) interaction
186) others
187) confronts
188) view of the other
189) outside
190) perspective
191) value
192) spread
193) operate
194) resilient
195) epidemics
196) advanced
197) destructive
198) outbreaks
199) sanitation
200) replanning
201) rebuilding
202) pioneering
203) sewer
204) serves
205) clean
206) attracted
207) look
208) prefer
209) to
210) 관계부사 why
211) evolution
212) changes
213) structures
214) organism
215) survive
216) alert
217) protect
218) interacting
219) analyze
220) demonstrated
221) fooled
222) weakness
223) misinformation
224) counterparts
225) misinformation

226) Governments
227) platforms
228) blocking
229) combating
230) threat
231) literate
232) analogy
233) analogy
234) still
235) radiate
236) outwards
237) impact
238) disturbance
239) approach
240) compressed
241) released
242) density
243) displaced
244) disturbance
245) atmosphere
246) transfer
247) organisms
248) repeated
249) process
250) sequence
251) transferred
252) observed
253) transfer
254) lost
255) Hence
256) restricted
257) shorter
258) nearer
259) intake
260) attended
261) However
262) commons
263) share
264) destroyed
265) remove
266) shared
267) satisfaction
268) reappeared
269) lower
270) fear
271) controlled
272) Socializing
273) inanimate
274) interact
275) unpredictable
276) self-esteem
277) affected
278) suffer
279) socialize
280) tidy
281) face
282) expose
283) progression
284) unavoidable
285) experiment
286) purposes
287) fears
288) pointless
289) gradual
290) exposure
291) organizing
292) equality
293) separated
294) courage
295) permission
296) permission
297) challenge
298) stand
299) walk
300) Left

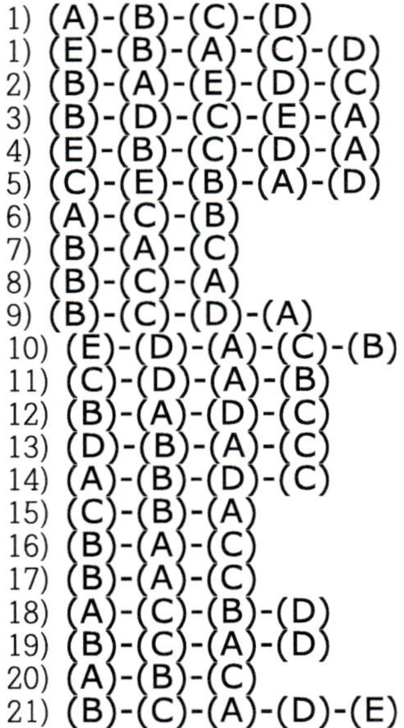

Quiz 1 Answers

1) (A)-(B)-(C)-(D)
1) (E)-(B)-(A)-(C)-(D)
2) (B)-(A)-(E)-(D)-(C)
3) (B)-(D)-(C)-(E)-(A)
4) (E)-(B)-(C)-(D)-(A)
5) (C)-(E)-(B)-(A)-(D)
6) (A)-(C)-(B)
7) (B)-(A)-(C)
8) (B)-(C)-(A)
9) (B)-(C)-(D)-(A)
10) (E)-(D)-(A)-(C)-(B)
11) (C)-(D)-(A)-(B)
12) (B)-(A)-(D)-(C)
13) (D)-(B)-(A)-(C)
14) (A)-(B)-(D)-(C)
15) (C)-(B)-(A)
16) (B)-(A)-(C)
17) (B)-(A)-(C)
18) (A)-(C)-(B)-(D)
19) (B)-(C)-(A)-(D)
20) (A)-(B)-(C)
21) (B)-(C)-(A)-(D)-(E)

Quiz 2 Answers

1) ② ⓐ, ⓒ
ⓐ identification ⇨ identity
ⓒ unrelates ⇨ fits
2) ① ⓐ, ⓒ
ⓐ on ⇨ in
ⓒ using ⇨ used
3) ⑤ ⓑ, ⓓ, ⓔ, ⓕ
ⓑ accepting ⇨ avoiding
ⓓ comfortable ⇨ uncomfortable
ⓔ overlooking ⇨ overcoming
ⓕ uncomfortable ⇨ comfortable
4) ⑤ ⓐ, ⓑ, ⓒ, ⓔ
ⓐ orderly ⇨ selectively
ⓑ Indiscriminate ⇨ Selective
ⓒ that ⇨ what
ⓔ indiscriminate ⇨ selective
5) ② ⓐ, ⓕ
ⓐ In addition to ⇨ Rather than
ⓕ unavoidable ⇨ acceptable
6) ④ ⓐ, ⓔ, ⓖ
ⓐ subtle ⇨ tough
ⓔ more ⇨ less
ⓖ more ⇨ less
7) ③ ⓐ, ⓒ, ⓕ, ⓖ
ⓐ occasionally ⇨ rarely
ⓒ horizontal ⇨ vertical
ⓕ regressions ⇨ advances
ⓖ reach to ⇨ reach
8) ④ ⓒ, ⓔ

ⓒ often ⇨ rarely
ⓔ is gathered ⇨ gathered
9) ⑤ ⓐ, ⓒ, ⓓ, ⓘ
ⓐ which ⇨ in which
ⓒ identity ⇨ identifying
ⓓ lonely ⇨ alone
ⓘ half ⇨ entire
10) ③ ⓐ, ⓔ, ⓕ
ⓐ simplified ⇨ complex
ⓔ given ⇨ giving
ⓕ simplified ⇨ complex
11) ④ ⓐ, ⓒ, ⓘ
ⓐ which ⇨ that
ⓒ that ⇨ what
ⓘ that ⇨ what
12) ① ⓐ, ⓑ
ⓐ confronted ⇨ confirmed
ⓑ more ⇨ less
13) ② ⓑ, ⓓ
ⓑ confirmed ⇨ confronted
ⓓ filter ⇨ filtering
14) ③ ⓔ, ⓚ
ⓔ creator ⇨ audience
ⓚ conclude ⇨ include
15) ⑤ ⓑ, ⓓ, ⓔ, ⓕ
ⓑ destroyed ⇨ advanced
ⓓ under-population ⇨ overcrowding
ⓔ clarification ⇨ sanitation
ⓕ ease ⇨ stop
16) ④ ⓐ, ⓕ, ⓖ
ⓐ faces ⇨ to faces
ⓕ is occurred ⇨ occur
ⓖ relaxed ⇨ alert
17) ③ ⓐ, ⓓ, ⓔ, ⓕ
ⓐ sociable ⇨ social
ⓓ That ⇨ What
ⓔ generating ⇨ blocking
ⓕ individuals ⇨ individual
18) ④ ⓐ, ⓔ, ⓕ, ⓗ
ⓐ contrast ⇨ analogy
ⓔ relieved ⇨ released
ⓕ clarity ⇨ density
ⓗ abundance ⇨ disturbance
19) ④ ⓑ, ⓓ, ⓘ
ⓑ organism ⇨ organisms
ⓓ transformed ⇨ transferred
ⓘ output ⇨ intake
20) ⑤ ⓒ, ⓓ, ⓔ
ⓒ every ⇨ each
ⓓ comic-of-the-commons ⇨
  tragedy-of-the-commons
ⓔ bathroom ⇨ bathrooms
21) ④ ⓓ, ⓔ, ⓖ, ⓘ
ⓓ sociable ⇨ social
ⓔ sociable ⇨ social
ⓖ vague ⇨ clear
ⓘ essential ⇨ pointless
22) ⑤ ⓐ, ⓔ, ⓕ, ⓖ
ⓐ was dusted by ⇨ dusted
ⓔ that ⇨ what
ⓕ stood ⇨ stand
ⓖ to think ⇨ thinking

1)
② celebrating ⇨ celebrate
③ unrelates ⇨ fits
2)
① on ⇨ in / ③ using ⇨ used
④ throwing ⇨ throw
3)
① comfort ⇨ discomfort
② accepting ⇨ avoiding
④ comfortable ⇨ uncomfortable
4)
② Indiscriminate ⇨ Selective
5)
③ simulate ⇨ motivate
⑤ required ⇨ are required
⑧ admit ⇨ submit
⑨ reasoning ⇨ reason
⑩ unsatisfactory ⇨ satisfactory
6)
① subtle ⇨ tough
④ from viewing ⇨ to view
⑤ more ⇨ less
⑨ imitation ⇨ irritation
7)
② horizontal ⇨ vertical
③ horizontal ⇨ vertical
④ expend ⇨ expand
⑥ regressions ⇨ advances
8)
① to ⇨ of / ② are sold ⇨ sold
④ resemble with ⇨ resemble
⑤ is gathered ⇨ gathered
⑥ emitting ⇨ conserving
9)
③ identity ⇨ identifying
④ lonely ⇨ alone
⑦ effect ⇨ impact
⑨ half ⇨ entire
10)
① simplified ⇨ complex
② contempt ⇨ attempt
③ irregular ⇨ regular
⑤ given ⇨ giving
⑧ aviations ⇨ variations
⑨ geology ⇨ geometry
⑪ tidy ⇨ loose
11)
⑤ that ⇨ what / ⑥ that ⇨ what
⑦ smaller ⇨ greater
⑧ that ⇨ what / ⑨ that ⇨ what
⑩ that ⇨ what
12)
① confronted ⇨ confirmed
② more ⇨ less

⑤ competent ⇨ competitive
⑥ dwindled ⇨ increased
⑧ desirable ⇨ undesirable
13)
③ spontaneous ⇨ simultaneous
④ filter ⇨ filtering
⑤ similarity ⇨ difference
⑧ preference ⇨ effort
14)
① rejects ⇨ concerns
② creation ⇨ creator
⑥ externalizing ⇨ internalizing
⑧ are ⇨ is / ⑩ conforms ⇨ confronts
⑪ conclude ⇨ include
15)
④ under-population ⇨ overcrowding
16)
③ when ⇨ where
④ looking ⇨ to look
⑥ is occurred ⇨ occur
⑦ relaxed ⇨ alert
17)
① sociable ⇨ social
② advantage ⇨ weakness
③ contrarily ⇨ however
④ That ⇨ What
⑥ individuals ⇨ individual
⑦ literary ⇨ literate
18)
⑥ clarity ⇨ density
⑧ abundance ⇨ disturbance
19)
① transparency ⇨ transfer
② organism ⇨ organisms
③ eating ⇨ eaten by
④ transformed ⇨ transferred
⑤ gained ⇨ lost
⑥ a ⇨ the
⑦ are ⇨ is
⑨ output ⇨ intake
20)
② were left ⇨ left
③ every ⇨ each
④ comic-of-the-commons ⇨tragedy-of-the-commons
⑥ asked ⇨ asking
21)
① transact ⇨ interact
② predictable ⇨ unpredictable
③ simplified ⇨ complex
④ sociable ⇨ social / ⑤ sociable ⇨ social
⑦ vague ⇨ clear
⑧ decreases ⇨ increases
⑩ essential ⇨ pointless
22)
② quality ⇨ equality
③ give ⇨ get

Answer Keys

Quiz 4 Answers

1) ⑤
2) ④
3) ④
4) ③
5) ④
6) ④
7) ②
8) ④
9) ①
10) Orbicularis oculi
11) ③
12) Character should be learned in an honest way through systematic lessons without developing an undesirable trait for a short-term winning, tempted by victory.
13) Due to the absence of music distributors who act as primary selectors, creating a digital library that reflects my preferences in a wider range of music requires considerable effort.
14) ③
15) ⑤
16) ①
17) ⑤
18) ④
19) ①
20) ③
21) ①
22) ⑤

Quiz 5 Answers

1) 전달하다 - convey
2)
   (가) to create a logo that best suits our company's core vision
3) 우연히 ~하게 되다 - happened to
4)
   (가) Being at a loss, she stood still rooted to the ground
5)
   ⓐ
   confront ⇨ avoid
   convenience ⇨ discomfort
6)
   (가) because you want to avoid being uncomfortable
7) 본문에 있는 단어를 활용해서 들어갈 알맞은 단어 적기 - Selective // 본문에 있는 단어를 활용해서 들어갈 알맞은 단어 적기 - selective
8)
   (가) what seems to us to stand out
9)
   ⓐ
   praise ⇨ punish
   discourage ⇨ encourage
   less ⇨ better
10)
   (가) if they no longer accept substandard work, students will not submit it.
11) 호기심 - curiosity
12)
   ⓐ
   Similarly ⇨ In fact
   more ⇨ less
13) 알맞은 연결어 - For example
14)
   (가) do they consider the critical role of vertical transportation
15) ~때문에, 세단어 - on account of // 닮다 - resemble
16)
   (가) Their appearance has the effect of conserving moisture
17)
   ⓐ
   Taking ⇨ Take
18)
   (가) judge how happy your face really looks
19) 강가 - shoreline // 조절하다 - accommodate
20)
   (가) the complex forms of natural systems are essential to their functioning
21) make의 알맞은 형태 - making // unburden의 알맞은 형태 - be unburdened
22)
   ⓐ
   that ⇨ what
23)
   (가) you can have anything you truly want
24) 도덕적 추론 - moral reasoning
25)

ⓐ
desirable ⇨ undesirable
26)

(가) when athletes resist the temptation to win in a dishonest way, they can develop positive character traits that last a lifetime.
27)

ⓐ
Likewise ⇨ However
avoided ⇨ confronted
countable ⇨ countless
what ⇨ in which
them ⇨ themselves
28)

(가) The search for the right song is thus associated with considerable effort
29) internalize의 알맞은 형태 - internalizing
30)

(가) It is the view we include and blend into our own activity
31)

ⓐ
unable ⇨ able
avoid ⇨ recognize
them ⇨ themselves
32)

(가) Even though babies have poor eyesight, they prefer to look at faces
33) ~에 책임을 지니다, 세 단어 - take responsibility for // 정보를 분별할 줄 아는, 두 단어 - information literate
34)

(가) People spend much of their time interacting with media
35) 비유 - analogy // 옮겨놓다 - displaced
36)

(가) This is due to a disturbance in the air around us
37) eat의 알맞은 형태 - eating // eat의 알맞은 형태, 두 단어 - being eaten
38)

(가) the number of steps or links in a sequence is restricted하나의 연쇄(사슬) 안에 있는 단계나 연결의 수는 제한된다
39) 아주 만족스럽게도,4단어 - To her great satisfaction
40)

(가) none of whom knew one another
41) 무생물 - inanimate
42)

ⓐ
you ⇨ yourself
unavailable ⇨ available
may ⇨ may not
43)

(가) you can endlessly experiment with for your own purposes
44) 정리하다 - organizing // 요구하다 - called // 평등 - equality
45)

(가) {where the law still separated black from white,
(나) What is the most important challenge facing my

generation